가톨릭 문화 건축가

가톨릭 학교의 문화 설계와 구축

NCEA *Catholic Educational Leadership* Monograph Series:
Architects of Catholic Culture:
Designing & Building Catholic Culture in Catholic Schools
by Timothy J. Cook

NCEA 가톨릭 교육 리더십 단행본 시리즈
가톨릭 문화 건축가: 가톨릭 학교의 문화 설계와 구축

교 회 인 가 • 2025년 10월 1일
제1판 제1쇄 • 2025년 11월 21일

지은이 • 티머시 J. 쿡
옮긴이 • 윤만근
펴낸이 • 최준규
펴낸곳 • 가톨릭대학교출판부
등 록 • 제300-1989-1호(1989년 1월 13일)
주 소 • 03083 서울시 종로구 창경궁로 296-12
전 화 • 02-740-9718
전 송 • 02-745-9793
전자우편 • cukpress@catholic.ac.kr
홈페이지 • http://press.catholic.ac.kr
인쇄제작 • 재영아트

ISBN 978-89-7108-402-1 04230
ISBN 978-89-7108-384-0 04230 (세트)

값 22,000원

NCEA 가톨릭 교육 리더십
단행본 시리즈

Architects of Catholic Culture

가톨릭 문화 건축가

— 가톨릭 학교의 문화 설계와 구축 —

티머시 J. 쿡 지음 | 윤만근 옮김

가톨릭대학교출판부

목 차

단행본 시리즈의 /서/문/

NCEA 가톨릭 교육 리더십 단행본 시리즈:
가톨릭 교육 지도자를 위한 성찰적 안내서

• 교장 역할의 중요성

교장직 수행에 관한 연구들은 학교를 발전시키는 데 있어 교장의 역할이 얼마나 중요한지를 깨닫게 합니다 (Griffiths, 1988; Murphy, 1990, 1992; Smylie & Brownlee-Conyers, 1992). 비록 학교에서 벌어지는 많은 일들이 교실에서 일어나고, 이로 인해 많은 교육 개혁가가 가르침과 배움의 맥락에서 이러한 일에 관심을 두고 있으나, 학교의 성공 여부는 사실상 더 넓은 의미에서 교실에서 교사들이 추구하는 목적에 더 효과적으로 도달하게 만드는 교장의 능력에 있습니다 (Ackerman, Donaldson, & van der Bogert, 1996).

Getzels과 Guba(1957)가 거의 40년 전에 주장했던 바와 같이, 교장이라는 존재는 역할 기대와 인격적 특성이 상호 작용을 이루어 내는 노력으로 학교를 발전시킬 수 있는 핵심 위치에 있습니다. 이는 심리학적 관점뿐만 아니라 건축학적 측면에도 교장실이 학교 건물의 중심에 위치하고 있기 때문일 수도 있습니다. 이러한 점에서 많은 연구자는 교장실이나 교장 개인의 성격 혹은 단일한 어떤 역할을 통해 교장이 학교 내의 삶을 형성하고 영향을 준다고 주장합니다. 하지만 Beck과 Murphy(1992) 그리고 Foster(1980a, 1980b)가 지적하였듯이, 이러한 효과를 이루는 조건들에 대해서는 연구자들 간의 합의에 이르지 못하고 있습니다.

실제 이유가 무엇이든지 교장은 권위를 통하여 학교의 다양한 구성 요소 안에서 학교의 본질적인 목적을 명확히 전달하는 중요한 역할을 맡고 있습니다. 가톨릭 학교의 경우, 교장은 학기 시작 전례와 신학기를 시작하는 밤에 "우리가 누구인지" "우리가 무엇을 지향하는지" 그리고 "우리가 어떤 일을 하는지"를 구성원 모두에게 전하면서 이러한 목적을 분명히 밝힐 수 있습니다. 또한 교장은 학생들을 훈계하거나 교사들에게 전문적인 권고나 조언을 할 때에도 학교의 본질적인 목적을 반복해서 표명할 수 있습니다. 무엇보다 오늘날 너무도 흔히 일어나는 폭력에 의해 무의미한 죽음을 맞는 청소년, 교사, 학부모 그리고 반려동물의 죽음과 같은 비극적 상황에서 학교 공동체 전체를 대표하여 위로의 말을 전해야 하는 사람도 바로 교장입니다. 이와 같은 다양한 상황에서 교장의 말은 학교의 목적과 관련한 많은 활동과 행사에서 깊은 의미를 담아낼 수 있습니다.

교장이 학교의 목적을 다른 사람과 공유하기 위하여 자신의 역할, 성격, 집무실과 같은 자원을 효과적으로 활용한다면, 교사와 학생들은 학교의 목표를 달성하기 위하여 자신들의 노력을 기울일 것입니다. 즉, Vaill(1986)이 주장한 것처럼, 이러한 노력의 시너지가 평범하거나 좋은 조직과 차별화되는 "고성과 시스템"을 정착시키는 것입니다. 이러한 시너지에 대해 Vaill은 "조직의 근본적인 신념, 목표, 열망에 대한 조직 구성원들의 명확한 합의를 유도하는 리더십 활동의 흐름"을 "목적 지향"(p.91)으로 설명합니다.

의심할 여지 없이, 많은 가톨릭 학교 교장들은 학교의 목적을 분명하게 표현하고 있습니다. 이러한 교장들은 학교 공동체의 일원이 된다는 것이 어떤 의미인지 설득력 있게 제시합니다. 간략히 말한다면, 이들은 다른 사람들이 학교의 목적 안에서 그들의 관심을 찾아내도록 유도합니다.

• 학교의 가톨릭 정체성에 대한 위협

한 세기가 훨씬 넘는 동안, 남녀 수도자들과 사제들은 가톨릭 학교의 목적을 완성하기 위한 노력을 쏟으며, 교사와 학생들이 학교에 대해 높은 만족을 느끼고 뛰어난 성과를 경험하도록 여러 세대에 걸쳐 참여해 왔습니다. 특히, 남녀 수도자와 사제들의 이타적인 헌신은 가톨릭 학교의 정체성과 동일시될 정도록 많은 교사와 학생들에게 감흥을 주었습니다(Jacobs, 1998a, 1998b, 1998c). 그리고 실제로도 그러했습니다.

그러나 제2차 바티칸 공의회가 폐막된 이후부터 수십 년 동안 남녀 수도자와 사제 수는 꾸준히 감소하였습니다. 다행히, 교회의 교육 사도직에 헌신하는 남녀 평신도의 비율이 눈에 띄게 증가했지만 교사와 교장을 포함한 전체 가톨릭 학교의 인적 자원은 전반적으로 감소했습니다. 이러한 흐름은 평신도들이 가톨릭 학교에서 교육자로 봉사하라는 하느님의 부르심에 관대히 응답하고 있음을 나타냅니다만, 모든 변화가 그렇듯이 이러한 변화는 새로운 위협과 기회를 제공하는 환경을 조성합니다.

하지만 가톨릭 학교가 고민해야 할 핵심 문제는 가톨릭 학교에서 근무할 수 있는 남·녀 수도자나 사제들의 감소가 아닙니다. 이들의 감소로 인한 가장 심각한 문제는 가톨릭 학교의 정체성을 온전히 보존하기 위해 평신도들에게 필요한 교육을 어떻게 제공할 수 있는지에 관한 것입니다. 즉, 평신도 교장이 학교 공동체를 가톨릭 교육 목적에 참여하도록 이끌기 위해서는, 가톨릭 학교에서 근무할 수도자나 성직자를 양성했던 프로그램의 핵심인 철학, 신학, 역사적 지식을 그들에게 제공할 필요가 있습니다. 이전 세대의 젊은 수도자들이 받았던 교육은 좋든 나쁘든 가톨릭 교육의 목적에 대한 기본 지식을 제공하며, 그들이 가톨릭 학교에서 가르치거나 운영할 때 필요한 의사 결정을 하는 데 도움을 주었습니다. 이러한 양성 프로그램이 없다면 아무리 좋은 지향을 가지고 있다 하더라도 평신도 교장이 진정한 가톨릭 교육 목적을 위해 노력하거나 학교의 가톨릭 정체성을 강화해 나간다는 것은 상상하기 어려울 것입니다.

그렇다면 평신도들이 가톨릭 학교에서 효과적으로 가르치고 관리하는 데 적합한 양성 교육을 어떻게 받을 수 있을까요? 사실, 교사나 관리자들을 위한 일반적인 교육은 이러한 프로그램을 제공하는 모든 대학교에서 받을 수 있습니다. 이 같은 교육은 교육자들이 실제 문제를 다루는 데 도움이 되는 방법을 다양한 과정이나 현장 경험 및 인터십을 포함하여 설계됩니다. 대부분의 지역에서 교사 교육은 학생들이 학부에서 교육을 전공으로 선택하는 시기부터 시작됩니다. 반면에 관리자 양성 프로그램은 대학원 수준에서 시작되며, 대부분의 과정은 예비 관리자가 학교 행정이 실제로 무엇을 수반하는지에 대한 이해를 광범위하고 복합적으로 발전시킬 만큼 충분한 교육 경험을 지니고 있음을 전제로 합니다. 전반적으로 교사든 관리자든 모든 전문 교육의 의도는 졸업생이 자신의 기술을 능숙하게 실천할 수 있는 기본 기술과 지식을 갖추게 하는 것입니다.

그러나 역량은 단지 기본 조건일 뿐입니다. 교육자가 학교 업무의 일환으로 언급해야 할 중요한 문제들이 있으며, 그중 가장 중요한 것은 청소년을 교육하는 우리의 실질적 목적입니다.

이러한 필요성에 대한 인식으로 관리자에 대한 준비도 변화하고 있습니다(Murphy, 1992; Prestine & Thurston, 1994). Vaill (1986)이 언급한 대로, 현재 많은 프로그램은 학생들에게 교육의 '목적 설정'이라는 개념을 소개하며, 학교장의 목적이 '핵심 사명에 집중하기' '공감대 형성하기' '공유된 비전으로 협력하기'를 포괄한다는 것을 학생들에게 의식적으로 심어주려고 노력합니다. 그러나 목적 설정이 학생들을 응원하고 이끌어가는 것이 아님을 기억해야 합니다. 대신, 목적 설정을 하려면 실질적인 목적에 대한 비전을 구체적인 활동으로 전환할 수 있는 능력 있는 지도자를 필요로 합니다.

그렇다면 가톨릭 교장들이 『가톨릭 학교 교육 문법』(Jacob, 1997)을 가톨릭 학교의 목적에 내재된 추상적 가치로 상징화하는 활동으로 전환하기 위해 어떤 연수를 받아야 합니까?

• 교장과 가톨릭 교육의 목적 설정

가톨릭 학교 교육의 도덕적·지적 목적을 실현하기 위해, 가톨릭 학교는 교직원과 학생들이 가톨릭의 삶의 비전을 받아들이고 그 비전에 따라 움직이도록 이끌 수 있는 교장을 필요로 합니다. 그러나 이러한 요건은 가톨릭 교장이 이 사도직의 핵심인 철학적·신학적 목적에 대한 교육을 받았음을 전제로 합니다.

수 세기에 걸친 교회의 경험을 통해 다듬어진 철학과 신학의 목적은 교육자들에게 그들이 교실과 학교에서 하는 일을 왜 하고 있는지의 모습을 현재 상황에서 바라보도록 요구합니다. 가톨릭 교육과 본질적으로 다른 현재의 목적은 학교 교육과 행정에 대한 방향과 정면으로 대치됩니다. 따라서 가톨릭 교육 지도자가 사목의 일환으로 그들에게 맡겨진 가톨릭 학교에서 리더십을 발휘하려면, 다른 이들로부터 지지를 받는 현재의 교육 경향에 대해 가톨릭 교육 철학과 신학이 왜 그리고 어떻게 비판적인 입장을 취하는지 알고 이해할 필요가 있습니다.

가톨릭 학교의 교장은 가톨릭 학교 교육의 핵심인 신학적·철학적 목적 외에도, 미국에서 시행된 학교 교육의 이 같은 흐름을 주도한 가톨릭 교육 역사에 대해서도 잘 알고 있어야 합니다. 청소년의 도덕적 지적 양성을 위한 미국 가톨릭 공동체의 장대한 투쟁이 오늘날 가톨릭 학교 교장들에게 가톨릭 학교의 문화와 정체성, 목적과 중요성 그리고 가톨릭 학교의 교육자가 학생들을 위해 무엇을 해야 하는지에 대한 교훈적 가르침을 알려 주기 때문입니다.

청소년 교육에 대한 미국 가톨릭 공동체의 경험적 지

식 안에서, 가톨릭 학교 교장들은 현재 직면한 문제들이 이전 세대에서 얼마나 많이 다루어졌으며, 풍요로운 가톨릭 교육 역사의 유산에서 배운 교훈으로 이러한 문제에 어떻게 대응할지 더 큰 역사적 맥락에서 바라보게 될 것입니다.

남녀 수도자와 사제가 가톨릭 학교 교육의 주류를 이루던 금세기 초, 학부모들은 비교적 학교의 교장이 가톨릭 교육 신학, 철학, 역사에 대해 잘 알고 있다고 확신할 수 있었습니다. 이러한 분야에 익숙한 대부분의 교장은 가톨릭 교육 원칙에 입각한 교육 리더십을 실천하였습니다. 중요한 것은 연수를 통해 가톨릭 교육의 근간이 되는 목적과 배경을 교장에게 알려 주었으며, 그로 인해 권위를 지닌 그들은 학생에게 영향을 줄 수 있는 학교 프로그램에 대해 이야기할 수 있게 되었습니다. 흥미롭게도 이 시기 사람들 대부분은 가톨릭 학교가 무엇을 의미하는지 알고 있었으며 학교가 어떻게 운영되는지 걱정하는 이들은 거의 없었습니다. 이와는 대조적으로 오늘날 정치인, 정책 입안자, 대중은 교육의 중요한 목적을 잃고 양질의 학교 교육을 약화시키는 데 초점을 맞추는 교육의 또 다른 형태의 질적 개념과 연결시키며 학교 운영을 점점 더 걱정하고 있습니다. 이는 학교 프로그램에서 혜택을 누릴 수 있는 학생과 학부모의 관심과 일치하는 학교 교육의 명확한 비전에 대해 소통하고 이를 제대로 시행하는 교장과 교직원이 있다는 대조된 증거에서 확인이 가능합니다(Bryk, Lee, & Holland, 1993; Coleman, Hoffer & Kilgore, 1982; Coleman & Hoffer, 1987).

그러므로 가톨릭 학교에 근무했던 이전 세대의 남녀 수도자와 사제들이 사라짐에 따른 위협은 충분히 대처할 수 있는 문제입니다. 이러한 도전에 맞서 미국 가톨릭 공동체의 교육 리더십을 담당하는 사람들은 가톨릭 학교 교장 후보자와 현직 교장들을 위한 양성 교육을 제공해야 합니다. 그들은 가톨릭 학교 교육의 본질과 목적을 전달하며, 학교 교육 공동체를 책임지는 사람들이 이 중요한 사도직의 지침을 제공하고 생명을 불어넣는 근본적인 목적을 성찰하도록 안내할 준비가 되어 있어야 합니다.

• NCEA의 가톨릭 교육 리더십 단행본 시리즈의 발전

NCEA(미국 가톨릭 교육 협의회)의 가톨릭 교육 리더십 단행본 시리즈는 이 문제에 대한 전국적인 논의에서 출발했습니다. 학교 내 남녀 수도자나 사제들의 숫자뿐만 아니라 수도 성소자 수도 감소하고 있습니다. 그러나 가톨릭 공동체는 이러한 흐름을 한탄하기보다는 교회의 많은 현세적 활동에 대한 평신도의 책임이 증가할 미래를 내다보며 준비해야 합니다. 분명한 것은 가톨릭 학교가 살아남으려면 평신도들은 하느님의 부르심에 응답하고 청소년의 도덕적, 지적 양성에 대한 책임을 지녀야 합니다. 이러한 소명과 그에 수반되는 책임을 완수하기 위해 평신도들은 선조들이 물려준 유산을 바탕으로 전문화된 교육을 받아야 할 것입니다.

전국적으로 이러한 유형의 양성 교육을 제공하려는 많은 시도가 이루어집니다. 미국 가톨릭 협회는 초임 교장과 미래의 교장을 위하여 세 권으로 구성된 『가톨릭 학교 지도자의 양성과 개발』을 준비 프로그램으로 발간하였습니다. 빌라노바 대학교는 가톨릭 고등교육의 저명한 전문가와 가톨릭 교육의 현직 지도자와 후보자를 한자리에 모은 전국

위성 원격 컨퍼런스 시리즈 '유산을 새롭게'(Renewing Heritage)를 후원하고 있습니다. 여러 가톨릭 대학에서는 가톨릭 교육 지도자 양성을 위해 특별히 고안한 프로그램을 제공합니다.

예를 들어, 샌프란시스코 대학교의 가톨릭 교육 리더십 연구소는 가톨릭 고등 교육이 가톨릭 교육 지도자가 되길 원하는 이들에게 학교를 이끄는 데 필요한 교육을 어떻게 제공할 수 있는지를 보여 줍니다. 노터데임 대학교의 가톨릭 교육 연합은 자격을 갖춘 가톨릭 교육자가 부족한 교구에서 가르칠 젊은 가톨릭 지도자를 준비시킵니다. 장기적으로 가톨릭 교육 연합은 가톨릭 교육 사도직 성소의 새로운 흐름을 가져올 수 있을 것이며, 교육 연합의 어떤 졸업생은 차세대 가톨릭 교육 지도자가 될 수도 있을 것입니다. 마지막으로 미국 내 여러 가톨릭 고등 교육 기관은 서로 협력하여 『가톨릭 교육: 탐구과 실천』이라는 학술지를 출간하였습니다. 이를 통해 20년 간의 침국을 깨고 미국 가톨릭 교육이 당면한 문제와 과제를 학문적으로 확장하는 실천적이며 사려 깊은 대화의 장을 마련하였습니다.

그러나 이러한 발전에도 불구하고 하느님께서 부르시는 가톨릭 교육 지도자들을 양성하는 데 넘어야 할 도전들이 있습니다. 기존의 제도적 노력을 반복하거나 부족한 자원을 고갈시키지 않으면서도 이들은 가능한 한 많은 양성 교육을 받아야 합니다.

• 이 단행본의 대상은 누구인가

NCEA의 가톨릭 교육 리더십 단행본 시리즈는 지금까지 연구된 교육 리더십 이론 및 실천과 통합하여 가톨릭 교육 철학, 신학, 역사적 문헌에 접근함으로써 기존의 노력을 보완하고 확장하도록 고안되었습니다. 이 단행본 시리즈는 교장 후보자와 현직 교장을 우선적 대상으로 하지만, 가톨릭 교육 리더십 과정에 있는 대학원생, 교구 책임자, 사목자, 신학생, 가톨릭 교육자, 학부모, 가톨릭 학교 운영위원회 등 다양한 가톨릭 교육 지도자를 대상으로 제공됩니다.

각 권은 가톨릭의 고유한 관점에도 불구하고, 교장에게 교육의 목적 설정의 본질에 대한 통찰력을 제공합니다. 이 시리즈에서 제공하는 여러 주제는 교장이 가톨릭 정체성을 어떻게 보존하고 완성하면서 학교를 이끌 수 있는지 다양한 아이디어와 폭넓은 사례를 제시합니다.

각 단행본은 가톨릭 교육 리더십 과정에 있는 대학원생과 교구 차원의 연수에 참여하는 예비 교장들이 가톨릭 고유의 관점에서 교육 리더십의 본질에 다가가도록 철학적, 신학적, 역사적 개요를 제공합니다. 특히, 참고 문헌은 대학원생과 교구 연수의 참가자들이 실제 활용에 필요한 자료를 어디서 찾을 수 있는지를 우선적으로 알려 줍니다.

가톨릭 공동체가 소속 학교의 교육자를 위한 양성 교육을 제공할 때는 그 성공 여부가 교구 학교 교육 책임자의 노력에 따라 좌우될 가능성이 높습니다. 교구 학교 교육의 최고 책임자는 교구 학교에 근무하는 교사와 관리자의 전문성 개발에 대한 책임을 지니고 있기 때문입니다. 또한 교구 학교 교육 책임자들은 가톨릭 교육자로서 그들의 인격 형성에 대한 책임도 집니다. 그들은 교구 학교의 교육자를 대상으로 하는 양성 교육을 통해 어떻게 리더십을 실행하고, 실천한 리더십을 어떻게 성찰할 수 있는지 가톨릭 교육 리더십 단행본 시리즈에서 다양한 아이디어와 주제를 발견할 수 있습니다.

많은 사목자 가운데, 특히 제2차 바티칸 공의회가 끝난 이후에 서품을 받은 이들은 가톨릭 교육 사상을 접하지 못했기 때문에 교육 문제로 교회 공동체에 접근하는 것을 다소 불편하게 느낄 수 있습니다. 그러나 새 천년기를 맞이하는 사목자들에게 가톨릭 성인으로 성장할 어린이와 청년들보다 신자들의 미래에 더 중요한 것이 있는지 반드시 물음을 던질 필요가 있습니다. 이러한 점에서 각 단행본은 본당이 가톨릭 학교를 후원하든 그렇지 않든, 사목자와 신학생들이 중대한 교육 문제에 대해 신자들에게 어떻게 책임을 다할 수 있을지 지속적으로 성찰할 수 있는 아이디어를 제공할 것입니다.

마지막으로 NCEA의 가톨릭 교육 리더십 단행본 시리즈는 가톨릭 교육자, 학부모, 가톨릭 학교 운영위원회 구성원들에게 그들이 맡고 있는 중요한 교육적 책임을 성찰하고 토론을 이어갈 다양한 주제를 제공하고자 하였습니다. 각 권에 수록된 자료를 학습함으로써, 그들이 하느님께서 돌보라고 맡기신 청소년들과 청년들을 위해 자신들이 해야 할 일에 대한 결정을 내릴 수 있길 기대합니다. 사실, 청소년에게 도움을 제공하기 위해 가톨릭 교육 사상을 이해하는 것은 부모나 교회 그리고 신자들이 가져야 할 책임이지만, 이러한 부분에 대해 거의 알지 못하거나 관심이 없는 공무원 혹은 이름 없는 관료들에게 떠넘겨지는 경우가 너무 많습니다.

• **가톨릭 교육을 대표하는 교육기관 간의 내적 협의에 관하여**

빌라노바 대학교의 교육학과, 복지학과 그리고 NCEA의 가톨릭 교육부 최고 관리자들(CACE)의 협력 안에서 가톨릭 교육의 뛰어난 이론가들은 현행 가톨릭 교육 지도자들과 후보자들에게 사목적 양성을 지원하는 데 필요한 문헌을 마련하기 위해 장기 프로젝트에 참여하였습니다.

단행본 시리즈의 편집자인 빌라노바 대학교의 리처드 제이콥스(Richard Jacobs) 신부는 가톨릭 교육 지도자들이 가톨릭 정체성에 중심을 두며 학교 발전을 이루는 역할의 중요성을 배우고 생각할 수 있는 성찰적 지침을 개발하기 위해 열심한 가톨릭 교육자를 모집하였습니다. 가톨릭 교사 및 관리자로 일한 경험과 가톨릭 고등교육 및 전미 가톨릭 교구와 학교의 컨설턴트로 일한 경험을 지닌 제이콥스 신부는 가톨릭 교육 지도자들을 위한 양성 프로그램을 성공적으로 개발하는 데 필요한 지식을 갖추고 있습니다. 또한 그는 교재의 구상부터 출판까지 전 과정을 관리할 수 있는 편집 경험을 지니고 있습니다.

CACE(가톨릭 학교 교육 연합)의 전무이사인 다니엘 커틴(Daniel F. Cultin)은 단행본 시리즈 개발의 책임자로서 역할을 담당하고 있습니다. 커틴은 제이콥스 신부와 함께 각 권의 개발을 주시하며 가톨릭 교육 예비 지도자와 실천가들에게 이론적으로 유익할 뿐만 아니라, 실질적으로 의미 있는 책을 만들기 위해 노력하고 있습니다. 가톨릭 교육에 있어 풍부한 경험을 지닌 전문가로서 커틴 신부는 지역적으로나 국가적으로 단행본 시리즈가 차세대 가톨릭 교육 지도자 양성을 위해 실행 중인 프로젝트와 프로그램이 중복되지 않고 오히려 강화해 나가는 안목을 지니고 있습니다.

이처럼 가톨릭 교육을 위한 기관 간의 협력적 노력은 많은 진전을 이루고 있습니다. 가톨릭 고등 교육 기관과 전국 가톨릭 교육 기관 및 가톨릭 교육의 원로 지도자들이 모여 가톨릭 교육 지도자 후보자와 실천가를 위한 단행본 시리즈를 개발하는 것은 좋은 미래를 예고하는 것입니다. 가톨릭 교육을 대표하는 다양한 재능을 공유함으로써 차세대 가톨릭 교육 지도자를 양성하고 가톨릭 교육 사상이 발전하게 된다면 그리스도의 몸은 더욱 풍성해질 것입니다.

• 단행본 시리즈의 활용에 대하여

NCEA에서 출판한 가톨릭 교육 리더십 시리즈의 각 단행본은 학문적 관점에서만 가톨릭 교육 리더십의 본질과 목적을 성찰하는 것이 아닙니다. 물론 각 단행본은 학문적 성찰을 일부 포함하고 있지만, 가톨릭 학교장 후보자와 현직 가톨릭 학교장이 가톨릭 학교 공동체를 이끌어야 하는 소명에 대해 어떻게 생각하고, 가톨릭 교육에서 설정한 목적에 어떻게 참여할 수 있는지에 관한 실질적인 지침을 제공합니다.

따라서 각 단행본은 실제로 적용 가능한 방식을 다루며, 본문 옆의 여백 공간을 이용하여 성찰적 질문과 활동을 제시하였습니다. 이러한 질문과 활동은 독자들이 가톨릭 교육 리더십을 실용적으로 적용하는 데 필요한 아이디어와 방향을 찾도록 도움을 제공합니다. 독자들은 각 단행본을 읽으면서 사목 활동으로 맡겨진 학교에서 그들이 가톨릭 교육 리더십을 어떻게 실천할 것인지에 대한 자신의 생각과 아이디어를 적어둔다면, 이를 실제 상황에서 활용할 수 있을 것입니다.

NCEA의 가톨릭 리더십 시리즈의 각 단행본에서 제시하는 질문을 성찰하고 여백에 제시된 과제가 요구하는 실질적인 활동에 참여한다면, 독자들은 가톨릭 교육에서 설정한 목적에 성실히 참여할 준비가 되어 있음을 깨닫게 될 것입니다. 그들은 가톨릭 교육 리더십의 본질을 보다 포괄적으로 이해할 수 있을 뿐만 아니라, 가톨릭 교육의 유산인 철학적, 신학적, 역사적 이상을 옮기기 위해 세운 실행 계획을 학교에서 실제로 적용해 나갈 수 있을 것입니다.

그러나 각 단행본의 내용은 NCEA의 가톨릭 교육 리더십 시리즈라는 요리책에서 교육 리더십이라는 '조리법'을 가톨릭 학교에 그대로 적용해야 하는 곧, 가톨릭 학교 지도자들이 사목 활동에서 반드시 수행해야 하는 교의적인 규범이 아닙니다. 오히려 각 단행본에 포함된 철학적, 신학적, 역사적 개념은 가톨릭 교육 리더십이 무엇이며, 가톨릭 학교에서 발휘되어야 하는 가톨릭 리더십의 원칙에 대한 실천적인 면을 성찰하도록 장려하는 것입니다(Argyris & Schön, 1974; Beyer, 1991; Brubacher, Case, & Reagan, 1994; Dewey, 1910; Schön, 1991; Sergiovanni, 1986, 1995a).

한편, 남녀 수도자나 성직자의 수가 학교에서 줄어드는 것이 가톨릭 교육의 미래에 대한 위협이 될 수 있으나, 선임자들의 발자취를 따르려는 많은 평신도의 관심은 가톨릭 공동체에 주어진 새로운 기회이며 확고한 자원입니다. 가톨릭 학교의 정체성은 학교의 교장이나 교사가 수도자이거나 성직자이기 때문이 아니라, 교육의 목적 설정과 더욱 긴밀히 연결되어 있기에, 가톨릭 교육 지도자들은 이러한 상황을 새로운 세대를 위한 평신도 가톨릭 교육 지도자들을 양성할 수 있는 기회로 활용할 수 있습니다. 이러한 헌신적인 평신도들은 앞서간 세대의 남녀 수도자와 성직자들이 그랬던 것처럼, 21세기에도 스승이신 그리스도와 함께 가톨릭 교육의 목적을 이어 나갈 것입니다.

2001년 1월 1일 천주의 성모 대축일에

빌라노바 대학교 리처드 M. 제이콥스 신부(O.S.A.)
미국 가톨릭 학교 교육 연합회장 다니엘 F. 커틴 신부

/편/집/자/ /서/문/

"주님께서 집을 지어 주지 않으시면,
그 짓는 이들의 수고가 헛되리라."
(시편 127,1)

시편 저자의 말씀은 NCEA의 가톨릭 교육 리더십 시리즈의 네 번째 단행본에 적절하고 올바른 신학적 시각을 제시합니다. "주님께서 집을 지어 주지 않으시면"의 구절은 가톨릭 학교 교육에 생기를 불어넣는 원천이 성경과 교회 전통에서 비롯된 사명이 아니라면, 그리고 이것이 모든 가톨릭 학교에서 분명하게 실현되지 않는다면, "그 짓는 이들의 수고가 헛되리라"는 것을 의미합니다. 이 같은 본질적인 말씀은 학교를 세우시는 분이 주님이 아니라면 효과적인 가톨릭 학교를 세우려는 노력이 의미가 없음을 가톨릭 교육 지도자들에게 분명히 일깨워 주고 있습니다.

• 신학과 과학을 통합한 가톨릭 교육 리더십의 실천

이 책의 서두와 들어가는 말에서 제시한 바와 같이,

시편 저자의 주장에 전적으로 동의하지 않는 많은 교육 이론가와 실천가들이 있다는 점에 주목할 필요가 있습니다. 사실 이들 연구자들과 실무자들은 신학의 주관적 범주가 아니라 과학의 객관적 범주에서 학교의 효과성을 특징짓는 이데올로기에서 출발하였으며, 교직원들이 그 효과성을 증진시키기 위해 무엇을 하는지에 더 많은 관심을 기울여 왔습니다(Blumberg & Greenfield, 1980; Brookover & Lezotte, 1979; *Effective Instructional Management,* 1983; Ellett, 1992; Fullan, 1993, 1997; Hughes, 1999; Lambert, 1998; Murphy, 1990; Teddlie, 1994; Zapulla, 1983). 그다지 놀랍지 않습니다만 이들은 효과적인 학교의 '원인'으로 지목되는 교육 지도자의 활동을 특성화하는 데 주로 초점을 맞추고 있습니다.

연구자들은 이러한 '모범 사례'를 설명하는 '지식 기반'을 마련하였습니다. 그들은 교육 지도자가 되길 희망하는 후보자들에게 이러한 모범 사례를 전달해야 한다고 주장했습니다(Boyan, 1998; Culbertson, 1988; Griffiths, 1988; Murphy & Louis, 1999; Smith & Piele, 1989; Thomson, 1992, 1993).

교육 지도자가 되기 위해 훈련받는 실무자들은 실제 업무에서 교육 지도자로서 해야 할 일에 대해 생각하고 평가할 때 지식 기반과 같은 도구를 주요 개념적 틀로 사용할 것이라는 생각을 합니다. 그러나 졸업생들은 교육 행정 프로그램에서 가르치고 배우는 것이 복잡한 실무와는 거의 무관하다고 주장합니다(Fowler, 1991; Goldman & Kempner, 1988; Hemphill, Griffiths, & Fredriksen, 1962; Schnur, 1989). 교육 행정학 박사 학위를 취득한 사람들 중에는 이러한 의견에 동의하는 사람들이 적지 않습니다(Wildman, 1991).

그러나 중요한 것은 이론과 실천 사이의 단절이 아니

라 연구자와 실무자를 하나로 통합하는 것입니다. 둘 다 과학적 방식을 통해 모범 사례를 구성하고, 지식 기반이 학교를 완성해 나가는 데 효과적인 방식을 구체화할 수 있을 것이라는 이념적 생각을 지니고 있습니다.

그러나 『가톨릭 문화 건축가』의 목적은 이러한 이념적 생각이나 실천적 함의를 반박하려는 것이 아닙니다. 오히려 가톨릭 학교에 과학은 가톨릭 학교를 더 효과적으로 만드는 데 든든한 조력자로서 신뢰할 만한 역할을 할 수 있습니다. 이 책의 저자인 크레이튼 대학교의 티머시 쿡(Timothy Cook) 교수가 올바르게 지적했듯이 '가톨릭'은 '학교'라는 명사를 수식하는 형용사입니다. 쿡 교수는 가톨릭 교육성성(1988)과 마찬가지로 가톨릭 학교는 무엇보다도 학교로써 효과적인 학교이어야 한다는 점을 강조합니다. 따라서 이 연구는 학교의 효율성을 높이기 위해 무엇을 할 수 있는지를 파악하여 교육 지도자들에게 구체적인 지침을 제공한다는 점에서 도움이 됩니다. 이러한 점에서 가톨릭 교육 지도자는 학교로써의 가톨릭 학교를 더욱 효과적으로 만들기 위한 의제를 구상하고 설정할 때 이 지식 기반을 활용할 필요가 있습니다.

그러나 시편 저자의 말씀은 동시에 가톨릭 교육 지도자들에게 주님께서 학교를 세우지 않으시면 가톨릭 신자로서 그들 스스로 학교를 세우려는 수고가 헛되다는 사실을 일깨웁니다.

이러한 신학적 관점을 강조하며, 쿡 교수는 가톨릭 교육 리더십이 현장에서 단순히 도구적 기술을 실행하는 직업적 관점으로 교육 리더십 훈련 프로그램에서 전달하는 모범 사례와 관련한 도구적 기술을 활용하는 것 그 이상을 요구한다고 주장합니다.

가치의 측면에서 가톨릭 교육 리더십에 추가된 '그 이상의 어떤 것'은 가톨릭 교육 지도자들이 의도적으로 가톨릭 문화를 학교에 구축하기 위해 구상하고 설계한 종합적인 계획입니다. 이 같은 헌신적인 교육자들은 세속적인 직업에 불과한 일을 종교적 소명으로 승화시키고, 세속적 기관에 머물 수 있는 학교를 신앙 공동체로 변화시켜 나갑니다.

• 가톨릭 교육 리더십 실천: 학교 문화에 대하여

일부 교육 연구자들은 1980년대 후반과 1990년대에 교육 이론을 주도한 지배적인 과학 사상에서 벗어나 학교 문화라는 개념에 초점을 맞추기 시작했습니다. 그들은 Schein(1992)의 선구적인 노력을 바탕으로 조직 문화를 파악하고 다양한 조직에서 지도자가 문화를 어떻게 '구축'하는지 설명하며 이 개념을 학교에 적용했습니다. 그리고 학교 문화가 학교 효과성의 중요한 요소라는 데 의견을 모았습니다(Brookover, Beady, Flood, Schweitzer & Wisenbaker, 1979; Brookover & Lezotte, 1979; Grant, 1981, 1982, 1985; Lightfoot, 1983; Purkey & Smith, 1982, 1983; Rutter, Maughan, Mortimore, Ouston, & Smith 1979). 또한 다른 연구자들은 문화 구축에 대한 세심한 관심을 효과적인 학교를 만드는 교장의 특징으로 구분하기도 합니다(Corbett, Firestone, & Rossman, 1987; Deal, 1985, 1993; Deal & Peterson, 1990, 1999; Fullan, 1993, 1997).

이러한 연구 결과를 확장하여 생각해 볼 때, 학교 환경에서 교육 지도자가 직면한 중요한 역할 중 하나는 학교의 모든 것이 교육적 사명을 지원할 수 있도록 학교 문화를 조성하고, 유지하며, 완성해 나가는 것입니다. 안타깝게도 학교 문화를 건설하는 데 결정적인 영향을 주는 학교 문화에 대한 개념과 이를 구축하는 데 필요한 교장의 리더십 역할에 대한 관심은 최근에야 높아졌습니다.

아마도 이러한 관심의 부족은 미국 문화 자체에 기인하는 것이 대부분일 것입니다. 20세기 대부분의 기간 동안 선의를 지닌 시민들은 학교가 다음 세대의 시민적 책임감을 받아들이는 데 필요한 지적·도덕적 형성을 위해 존재한다는 것에 암묵적으로 동의해 왔습니다. 그러나 이러한 흐름이 실제 학교에서 실천으로 옮겨지는 방식은 학교가 하나의 기관이라는 전제하에 이루어졌습니다. 학교는 기관으로서 학교의 설립 목적을 실현하기 위해 교육과정 안에서 학생을 가르치는 교사를 고용합니다.

이러한 가정에 동의하지 않을 사람은 거의 없어 보이지만, 뒤늦게나마 이 가정을 재고할 수 있는 신뢰할 만한 근거가 있습니다. 실제로 제도화된 학교 교육이 교육적 사명을 다하기 위해서는 학교에서 일어나는 많은 일들이 비인간적이 될 것이라는 주장이 지속될 수 있습니다. Cusick (1992)은 미국의 학교 교육이 그 자체의 성격과 논리를 가진 하나의 시스템으로 발전했으며, 이 시스템을 구성하는 인간을 정해진 경로로 이끄는 문화가 존재한다고 날카롭게 비판합니다.

예를 들어, 교사는 교육을 제공하는 제도적 역할을 수행합니다. 학생들은 교육과정으로 구성된 교육 내용을 배우기 위해 학교에 갑니다. 그리고 교장의 역할은 교육과 학습이 가장 효율적이고 효과적인 방식으로 이루어지게 하는 것입니다. 이 논리는 사람들이 학교 교육을 어떻게 바라보는지 그 틀을 제시하는 문법이기 때문에(Tyack & Tobin, 1994), 학교를 기관으로 생각하는 것은 명백한 일이며 논쟁의 여지가 없습니다.

잊지 말아야 할 것은, 조직은 인간 사이의 일정하게 반복되는 행동과 의사소통의 결과물이라는 점입니다(Simon, 1945/1997). 조직적 측면에서 학교를 강조하는 것은, 물론 모든 인간이 그러하겠지만, 다른 사람으로 역할을 쉽게 대체할 수 있는 이름도 얼굴도 없는 기능적이며, 궁극적으로 말과 행동에 대한 개인적인 책임을 지지 않는 인간으로 만드는 것을 의미합니다(Jackall, 1988; Wolgast, 1992).

뿐만 아니라, 이러한 교육기관에서 강조하는 것은 정부에서 요구하는 표준화된 시험으로 측정할 수 있는 사실적인 문제와 같이, 객관적으로 평가되어야 하는 실질적인 문제를 풀기 위해 습득해야 하는 교육 내용으로 축소됩니다. 특히 성공적인 가르침의 증거는 표준화된 학교의 점수가 다른 경쟁 교육기관이나 친구들과 비교할 때 드러나는 우월성으로 입증됩니다. 그래서 교육기관은 단정하고 질서정연할 수 있지만, 인간적인 요소는 찾아보기가 어렵습니다.

학교와 같은 기관에서는 학생, 교사, 교장이 비행기, 배, 기차가 미리 계획된 궤도를 따라 움직이는 것과 닮은 방식으로 궤도를 따라 움직입니다. 비행기는 안전을 위해 비행 중 같은 항로로 운행하는 다른 비행기에 결코 가까이 다가가지 않습니다. 바다에서는 배들이 크기에 따라 양보하고 신호를 보내며 서로가 너무 가까이 다가가지 않도록 합니다. 기차 또한 서로 빠르게 지나가지만, 지나가는 선로가 결코 겹치지 않기 때문에 안전하게 운행할 수 있습니다.

이와 마찬가지로 학교라는 기관에 있는 학생, 교사, 교장도 각각의 일에 몰두하며 서로를 지나칩니다. 그들은 결코 서로 마주치거나 만나거나 상호 작용을 하지 않습니다. 간단히 말해, 인간적인 조직이 없고(Simon, 1945/ 1997), 비인간적인 기관만 존재하는 학교는 '더 이상 재미없는'(Lightfoot, 1983) 곳이라는 슬픈 결론을 내릴 수밖에 없습니다.

그러나 학교에서 삶의 변화를 마주하는 학생에게 미치는 해로운 영향과 비인격주의에 대응하기 위해, 보다 철학적 사고를 지향하는 소수의 교육 연구자는 학교를 공동체로 생각하며 이러한 비유적 표현이 학교를 구성하는 사람들에게 어떤 의미가 있는지에 관심을 기울였습니다. 그 가운데 Sergiovanni(1994a, 1995b)는 학교를 설명하는 데 사용되는 비유적 표현을 바꾸는 것이 사람들에게 학교를 재개념화하고 학교의 교육적 사명에 대한 실제적인 변화를 일으킬 수 있는 방법이라 지속적으로 주장해 왔습니다.

예를 들어, 학교 공동체에 속한 학생들은 각 과목 담당 교사의 교실을 단순히 지나쳐서는 안 됩니다. 마찬가지로 교사도 단지 가르치는 것 자체를 그들의 업무로 여겨서는 안 됩니다. 또한 교장은 학교에 가장 유익이 되는 것이 무엇인지 메모로 알리는 지시적인 방식으로 끝내서는 안 됩니다. 오히려, 학교 공동체를 구성하는 학생, 교사, 교장은 비인격적이고 제도적이며 기계적인 관료처럼 교류하는 기능자가 아니라 인간으로서 서로 만나고 상호 작용을 이루어야 합니다.

이러한 점에서 모든 교육 지도자는 학교라는 공동체에 독특한 문화를 구축할 필요가 있습니다. 그러나 쿡은 가톨릭 교육 지도자들에게 가톨릭 학교 문화는 "그리스도에 뿌리를 둔 '삶의 방식'이자 복음에 기초한 신앙과 규범이며, 영감과 정체성을 제공하는 가톨릭적 비전으로서, 가톨릭적 상상력을 포착하고 자극하는 장치들을 통해 한 세대에서 다음 세대로 전승되어 시간이 지나면서 형성되는 것"임을 강조합니다(Cook, 1998, p.16).

• 가톨릭 교육 리더십 실천: 다양한 상황에서 건설하는 가톨릭 문화

논쟁의 여지가 있긴 하지만, 중요한 연구 결과 중 하나는 가톨릭 학교가 종교적 사명과 학교 모두가 문화적 힘에서 나오는 '사회적 자본'으로서 효과적이라는 것을 지지하는 연구입니다(Coleman, 1982; Coleman 등, 1987). 학교가 공동체라고 주장하는 소수 이론가의 연구에 무게를 둔다면, 가톨릭 학교 교육을 특징짓는 것은 공동체적 측면입니다. 분명한 것은 이 같은 문화가 가톨릭 학교 내에 있는 사람들뿐만 아니라, 특히 인구가 적은 도시에 있는 가톨릭 학교에서 나타나는 교육적 성과와 관련해서도 통계적으로 유의미한 영향을 미치고 있다는 것입니다(Bryk 등, 1993; Coleman 등, 1982; Coleman & Hoffer, 1987).

쿡이 독자들에게 상기시키듯, 가톨릭 학교 교육의 공동체적 측면은 하느님의 모상을 닮아 창조된 개별 인간에 대한 깊은 존중을 기반으로 이루어집니다. 이는 교사와 교장이 제도적 역할을 수행하는 가공된 인물이 아님을 의미합니다(Wolgast, 1992). 비록 그들이 기능적 역할에서는 다른 것에 의해 대체될 수 있어도 그들은 존재 자체로 대체될 수 없는 고유한 인간성을 지니며, 자신의 결정에 책임을 지는 실제 이름과 얼굴을 가진 참된 인간 존재인 것입니다.

이러한 사람들에 대해 Maritain은 "자기완성을 향해 나아가는 것은 이상을 모방하는 것이 아닙니다. 그것은 여러분을 복제품이 아닌 진정한 한 인간으로 빚어 만드시고 각 존재의 이름을 지어 부르시는 사랑의 주님께서 여러분이 가고 싶지 않은 곳으로 가도록 안내합니다"(1943, p.36)라고 50여 년 전에 말했습니다. 결국, 청소년을 대표하여 봉사한 학생들은 몇 년이 지난 후 제자로서 가톨릭 학교 문화의 진정한 주인공이자 영웅으로서의 무용담과 신화를 만들어 냅니다.

가톨릭 학교가 공통적으로 내세우는 점은 학습이 단순히 교육 내용을 습득하는 것이 아니라는 입장입니다. 실제로 가톨릭 학교는 배움을 통해 청소년이 복음적 가치가 충만한 특성을 지닌 특별한 인격체로 성장하기를 요구합니다. 쿡은 가톨릭 학교의 문화적 목적인 지적·도덕적 성과를 달성하기 위해서는 가톨릭 학교 문화가 신앙 공동체 안에서 형성된 강력한 인간관계를 입증해야 한다고 주장합니다.

사실, 가톨릭 학교 또한 표준화된 시험을 통해 사실적인 문제를 평가할 수 있고 평가해야 합니다. 그러나 공동체적 노력의 성공은 단지 학생들이 성취한 점수의 문제가 아니라, 가톨릭 학교 문화가 중요하게 여기는 복음의 가치를 말과 행동, 경험으로 충만히 표현하는 상호 작용을 통해 이루어지는 인간 존재에 대한 문제인 것입니다. 이러한 학교 공동체의 일상은 다소 정신없는 혼란을 가져올 수 있지만, 결코 인간성이 결여된 것이 아닙니다.

가톨릭 문화 건축가들은 20세기의 미국 학교 교육 제도를 이론화 하는 것과 관련하여 과학적 이상주의의 한계를 완화해 나갑니다. 따라서 이 단행본은 가톨릭 교육 지도자들에게 가톨릭 학교 교육을 개념화하고 효과적인 가톨릭 학교 공동체를 구축하는 데 필요한 그들의 중요한 역할, 즉 전문적 역할과 사목적 역할을 성찰할 수 있는 방법을 제공합니다.

미국 가톨릭 교육의 역사가 시작되기 이전에 "침투"(permeation)라는 단어는 교육과정의 모든 과목을 학교의 가톨릭 정체성과 결합하는 데 절대적인 우선권을 두며, 제한적이지만 가톨릭 학교 문화를 수학이나 과학과 같은 세속 과목과 연결시키는 유사한 개념으로 제시하였습니다.

이 책에서 쿡은 세대를 가로질러 학교의 가톨릭 문화를 보다 지속적이고 심오하며 추상적인 방식으로 침투의 개념을 확장해 나갑니다. 쿡의 관점은 가톨릭 교육 지도자들에게 적어도 한 가지 점에서 분명한 시사점을 제시합니다. 즉, 복음적 가치로 충만한 신앙 공동체를 구축하며 그리스도와 함께 일하는 가톨릭 학교 문화는 가톨릭 교육자가 가톨릭 교육의 진정한 주체인 학생 개별에 깊은 영향력을 발휘할 것입니다(Jacobs, 1997, pp.52~62).

이러한 점에서 사목에 헌신적인 교육자들을 돕기 위해 새롭게 출판된 NCEA의 가톨릭 교육 리더십 단행본 시리즈는 가톨릭 교육 지도자들이 교회를 대신하여 교회를 위한 사목으로 전환하는 데 어떻게 교장직의 일상적인 관리적 측면을 주님과 협력할 수 있는지에 관한 방안을 고민하게 합니다.

이들 교육자는 이름도 얼굴도 없이 일정 기간 제도적 역할을 수행하는 인위적 인물이 아니라 가톨릭 문화를 건축하는 제자들입니다. 주님과 함께하는 이 제자들은 결코 헛된 수고를 하지 않습니다. 이들은 청소년들이 성숙한 가톨릭 시민으로서 다음 세대를 이끌어갈 수 있도록 지적·도덕적 양성을 제공하는 가톨릭 학교 문화를 설계하고 구축하기 위해 노력합니다.

/들/어/가/는/ /말/

찬물이 담긴 냄비에 개구리를 넣고 냄비 아래에 불을 켜 두면 열이 서서히 올라갑니다. 그러나 개구리는 냄비 밖으로 뛰쳐나오지 않고 오히려 죽을 때까지 그 안에 머물러 있습니다. 이 '냄비 안의 개구리' 이야기는 환경이 너무 느리게 변화하면 즉각적인 반응을 일으킬 수 없음을 알려줍니다. 즉, 개구리가 무슨 일이 일어나는지 감지했을 때는 대응하기에 이미 때가 늦었다는 것을 의미합니다.

1980년대에 Tichy와 Devanna(1986)는 이 비유를 사용하여 미국 기업이 국제 변화의 빠른 속도에 대응하지 못할 때 어떤 일이 벌어질 것인지를 설명했습니다. 마찬가지로 1970년대에는 등록금 상승, 학력 평준화, 학생 수 감소 등이 미국의 가톨릭 학교에도 경종을 울렸습니다. 가톨릭 교육자들은 냄비에서 죽은 개구리와 같은 상황을 피하기 위해 학업 수준을 높이거나 학교가 교육 역사의 한 페이지로 밀려날 위험을 감수해야 했습니다.

가장 성공적인 미국 기업들처럼, 미국의 가톨릭 학교를 개선하기 위한 헤라클레스적 노력은 이제 연구자들과 일반 대중 모두에게 높은 평가를 받으며 성공을 입증했습니다. 그리고 미국 가톨릭 교육 역사상 지금보다 가톨릭 학교가 더 인정을 받은 적은 없었습니다.

성직자와 수도자의 감소

가톨릭 학교가 학교인 것은 사실이지만, 가톨릭 학교가 지닌 종교적 사명은 학교가 지닌 목적을 향하도록 안내합니다. 제2차 바티칸 공의회 이전에는 절대다수의 남녀 수도자들과 사제들이 학교에 근무했기 때문에 가톨릭 정체성을 유지하는 데에 큰 어려움이 없었습니다(Jacobs, 1998a,b,c). 또한, 이 시기의 종교인들은 학문적·재정적 위기와 같은 많은 시급한 문제를 해결해야 했기 때문에 가톨릭 정체성은 중요한 사안이 아니었습니다. 그러나 지난 30년 동안 미국 가톨릭 학교에서 봉사하는 수도자와 사제의 수는 급격하게 감소했습니다. 지난 10년 동안에만 그 비율은 16%에서 7%로 절반 아래로 감소했습니다(McDonald, 2000, p.19). 이제 가톨릭 학교에 근무하는 평신도 교직원이 가톨릭 정체성에 대하여 전적으로 책임져야 합니다.

개별 체험에 대한 성찰

신앙생활의 기간이 짧은 가톨릭 학교 교장들은 종교

적 리더십의 역할이 어떤 것인지를 알게 되는 순간을 경험합니다. 평신도 교장으로서 저의 결정적인 순간은 처음으로 학생회를 주도하기 위해 자리에서 일어나 기도를 할 때였습니다. 겉으로는 평온했지만 제가 떨리는 마음으로 성호경을 그었을 때 몇몇 학생들이 비웃었던 것을 생생하게 기억합니다.

그 순간 저는 두 가지를 깨닫게 되었습니다. 첫째, 제가 채용된 이유 중 하나가 학교의 가톨릭 정체성을 다시 확립하기 위한 것이었지만, 학생들이 저를 비웃는 모습을 보고 이것이 얼마나 힘든 싸움이 될지 직감했습니다. 둘째, 제가 대학원에서 가톨릭 교육 리더십 과정을 막 졸업했음에도 불구하고 종교 지도자로서 봉사하기에는 여전히 준비가 부족하다고 느꼈습니다.

수년 동안 저는 종교 지도자로서 학교의 가톨릭 정체성을 재정립하는 데 좌절감을 느끼고 고군분투하였는데, 그러한 상황 뒤에는 가톨릭 정체성을 다루는 대부분의 글이나 강의가 매우 이론적인 내용이었기 때문이라 할 수 있습니다. 실제 대부분의 강의는 '가톨릭 정체성은 해결해야 할 중요한 문제다'라는 논제로 시작하고 끝나는 것 같았습니다. 그러나 가톨릭 정체성이 다양한 환경에서 적용될 수 있는 구체적인 용어로 정의되고 설명되는 다음 단계의 수사학적 상황에는 이르지 못했습니다. 그래서 가톨릭 정체성은 여전히 '저 바깥' 어딘가에 갇혀 있는 이해하기 어려운 개념으로 남아 있었습니다.

사고와 행위를 다듬어 가는 두 가지 비유

Lakoff와 Johnson은 『우리는 은유로 산다』(1980)에서 "은유의 본질은 한 종류의 것을 다른 종류의 관점에서 이해하고 경험하는 것"이라고 주장합니다(p.5). 조직을 연구하는 데 은유를 사용한 Bolman과 Deal(1997)은 은유는 "낯선 것을 친숙하게, 익숙한 것을 낯설게"(p.229) 만들 수 있다고 강조합니다.

『가톨릭 문화 건축가』는 이론적이고 추상적인 개념을 더 구체적으로 표현하기 위해 은유를 사용합니다. 이 책에서는 '문화'와 '건축'이라는 두 가지 은유를 개념적 틀로 제시합니다. 특히 가톨릭 학교에 적용하는 문화의 은유는 핵심 신념과 가치, 영웅과 주인공, 상징, 전통적 의식, 인간의 의사소통, 역사, 그리고 문화 형성에 영향을 미치는 특정 인물의 행동과 태도 같은 구체적이고 견고한 개념을 떠올리게 하는 중심 개념으로 작용합니다.

문화는 또한 여성과 남성이 무엇을 중요하게 여기는지, 왜 그들이 행동하는 방식으로 일을 하는지, 다른 사람들과 어떻게 상호 작용하는지에 영향을 미칩니다. 두 번째 은유인 건축은 특히 가톨릭 학교의 문화를 '건축'하기 위한 환경을 살펴볼 수 있는 매개체가 됩니다. '가톨릭 문화의 건축가는 가톨릭 지도자'라는 이 책의 일관된 주제는 가톨릭 교육 리더십의 실천 방법을 제시하기 위해 이 두 가지 은유를 결합하여 사용합니다.

하느님의 건축가들인 가톨릭 교육 지도자

성경은 종종 건축을 은유로 사용합니다. 한 가지 주목할 만한 예는 베드로가 산헤드린에서 예수님을 언급하며 "이 예수님께서는 '너희 집 짓는 자들에게 버림을 받았지만 모퉁이의 머릿돌이 되신 분'이십니다"(사도 4,11)라고 강조한 것입니다. 이에 더하여, '건축'의 이미지는 예수님의 제자들이 하느님의 나라를 어떻게 이끌어 갈 것인지를 묘사합니다. 그렇다면 복음서에서 예수님을 목수로 묘사한 것은 우연일까요?

건축은 형태와 기능 외에도 예술성과 문화적 표현을 의미하기 때문에 건축의 은유는 가톨릭 문화를 강화시키는 데 분명한 도움이 됩니다. 예를 들어 모든 건물이 건축의 경이로움을 드러내는 것이 아니라는 점을 생각할 필요가 있습니다. 도구를 담는 창고가 고층 건물과 동급이 될 수 있을까요? 오두막집이 성당과 동일하다고 할 수 있을까요? 당연히 아닙니다. 건축은 인간이 가치 있게 여기는 것을 표현하며 권력, 힘, 화려함, 단순함, 편리함, 혁신과 같은 특성을 전달합니다. 물론 교회 건물이 표현하는 것은 극장이나 정부 건물이 나타내고자 하는 의미와 다릅니다. 그렇다면 종교적 정체성을 지닌 가톨릭 학교가 또 다른 의미의 차원을 구현해야 하는 것이 아닙니까? 문화적 건축물을 통해 가톨릭 학교가 지닌 신성한 의미를 전달해야 하지 않겠습니까?

건축의 은유는 건축 프로젝트의 시작부터 완공까지 핵심 역할을 하는 설계자인 건축가의 입장에서 또 다른 비교점을 유용하게 제공합니다. 건축가는 아이디어를 공식화하고, 계획을 설계하며, 시공을 감독합니다. 설계 단계에서 건축가는 건축 자재를 고려하고 적절한 시공 방법을 결정합니다. 건축가는 건축 장소와 특정 건물의 주변 환경을 염두에 두고 이 계획을 진행합니다. 실제로 기후와 지형 등을 고려하지 않고 건물을 설계하는 건축가는 어리석은 자입니다.

초대 교회의 지도자였던 바오로 사도는 자신을 건축가라고 불렀습니다. "나는 하느님께서 베푸신 은총에 따라 지혜로운 건축가로서 기초를 놓았고, 다른 사람들은 집을 짓고 있습니다"(1코린 3,10). 하느님 나라의 건축가로서 종교 지도자는 신성한 것을 보존하고, 강화하고, 전달하기 위한 계획을 설계하는 비전가입니다. 그리고 지도자는 문화적 환경, 사용 가능한 올바른 재료, 지도자의 리더십 스타일 등을 고려하여 이러한 문화를 건설하는 과정을 감독합니다. 따라서 가톨릭 교육 지도자는 건축가와 마찬가지로 가톨릭 학교 문화의 '건축 장인'인 것입니다.

단행본 제목에 관하여

"가톨릭 문화 건축가"라는 제목은 필라델피아의 데니스 도허티(Dennis Dougherty) 추기경이 자신을 농담으로 지칭할 때 사용한 별명인 "하느님의 벽돌공"에서 파생되었습니다(Connelly, 1976, p.380). 이는 제이콥 신부가 20세기 초중반에 수많은 가톨릭 학교, 병원 및 기타 기관의 건립을 시작하고 감독한 미국의 가톨릭 종교 지도자들을 특징짓기 위해 차용한 은유입니다(1998b, p.15).

1900년대 초중반의 종교 지도자들과 마찬가지로 오늘날의 가톨릭 교육 지도자들도 건축 프로그램에 참여하고 있습니다. 하지만 초석을 다지는 데 목적을 두었던 선조들의 헌신과는 달리, 가톨릭의 영향력을 전국적으로 확대하는 것이 오늘날 가톨릭 교육 지도자들의 목표라면, 이는 가톨릭 문화를 설계하고 구축했던 바오로 사도의 모습과 매우 유사합니다. 따라서 '하느님의 벽돌공'이라는 은유를 되풀이하며, 바오로 사도가 자신을 언급하며 사용한 '건축의 장인' 대신 '건축가'라는 용어를 사용하는 것는 오늘날의 가톨릭 교육 지도자들이 이 세대의 '가톨릭 문화의 건축가'로서의 역할을 수행하는 데 도움이 될 것입니다.

단행본의 개요

단행본 『가톨릭 문화의 건축가』는 총 10장으로 구성되어 있습니다. 제1장은 문화에 대한 정의부터 이론적 배경과 다양한 환경에서의 실제 적용을 다루며 문화의 개념을 살펴봅니다. 제2장에서는 가톨릭 학교에 적용되는 조직 문화에 초점을 맞춥니다. 이 장은 가톨릭 학교 문화의 정의를 제시하고 가톨릭 학교의 '삶의 방식'에 대한 독특한 특징을 개념화합니다. 제3장에서 제9장까지는 핵심 신념과 가치, 영웅과 주인공, 상징, 전통적 의식, 인간의 의사소통, 역사, 문화 전달자 등 문화의 7가지 '구성 요소'에 대해 설명합니다. 각 장의 첫 번째 부분에서는 제1장에서 소개한 건축 벽돌인 문화의 '구성 요소'를 가톨릭 학교에 적용하는 방법을 다룹니다. 각 장의 두 번째 부분은 가톨릭 교육 지도자가 자신의 환경에 적용할 수 있는 '건축 계획'에 대해 설명합니다. 제10장은 앞에서 다룬 모든 내용의 핵심을 하나로 연결합니다. 그러나 제10장은 단순히 요약 이상의 범위를 제시합니다. 즉, 가톨릭 교육 지도자들이 가톨릭 문화의 건축가로서 자신의 역할을 고려하도록 명제와 원칙 그리고 결론을 제시합니다.

단행본의 목적

가톨릭 문화 건축가는 가톨릭 교육 지도자를 꿈꾸는 예비 지도자들에게 가톨릭 학교의 문화와 그 문화를 보존하고 향상시키는 지도자의 역할, 즉 가톨릭 정체성을 내포하는 본질적인 문제를 고려할 것을 요구합니다. 가톨릭 문화는 삼투 현상처럼 저절로 형성되는 것이 아니라 예측된 결과의 의미를 담고 있습니다. 은유적으로 말하면 교육 지도자는 가톨릭 문화 건축가로서 해야 할 역할을 하는 것입니다.

그러므로 가톨릭 문화 건축가의 목적은 가톨릭 교육 지도자로 봉사하는 평신도들이 가톨릭 정체성의 개념과 가톨릭 문화 구축에 대해 더 깊이 성찰하도록 자극하고 문화적 차원에서 지도자로서의 책임을 잘 이해하도록 도움을 제공하기 위한 것입니다. 그리고 건전한 문화 건설 계획을 발전시킨 결과로, 이들은 이전 세대를 살아간 선조들의 모범을 닮아 가톨릭 문화 건축가로서 자신의 역할을 효과적으로 수행했다는 만족감을 경험할 것입니다.

제 1 장

조직 문화와 기원

• 조직 문화와 문화적 기원

인류학자들은 서로 간의 관계에 있는 집단들을 조사하기 위한 노력의 일환으로 '문화 연구'라는 학문적 영역을 구축해 왔습니다. 예를 들면, 왜 어떤 문화는 호전적인 데 반해 다른 문화는 평화로운지, 왜 어떤 문화는 교역을 하고 다른 문화는 사냥을 하는지, 왜 어떤 문화는 안정적이고 오래 지속되는 반면 다른 문화는 일시적인지 등을 초창기 연구에서 설명하려고 노력했습니다. 이후 많은 연구가 다양한 문화권에서 추구하는 가치와 그들 간의 상호 작용을 밝히고자 했습니다.

1900년대 중반에 이르러 이론가들은 이러한 원칙 중 많은 부분을 조직 연구에 적용하고자 시도하였습니다. 예를 들어, Arnold(1938), Barnard(1938), Selznik(1957) 등에 의해 이루어진 초기 연구들은 조직 행동에 대한 유용한 통찰력을 제공했지만 광범위한 열정을 불러일으키는 데는 실패했습니다. 한편, Schein(1992)은 물론 그보다 앞선 연구자들도 있었습니다만, 조직 연구에 관한 개념적 틀을 제시하며 조직 문화 연구의 선구자로 간주되었습니다.

조직 문화의 정의

'불안정한'이나 '체감할 수 없는'과 같은 형용사는 조직 문화의 특성을 잘 설명하고 있습니다. 학자들이 '문화'를 어떻게 정의하든[그림 1], 그 정의는 몇 가지 공통된 주제를 지닙니다. 예를 들면, 조직 문화는 집단의 존재와 경험에 의미를 부여하는 집단의 '영혼'을 가리킵니다. 또한, 조직 문화는 사고와 감정의 틀, 관계의 규범, 사건과 세상을 해석하는 렌즈를 제공하며, 개인을 특징화하는 데 도움을 제공합니다. 조직 문화는 지속성과 안정성을 제공하고 사람들을 하나로 묶어주는 '접착제'와 같은 역할을 합니다. 본질적으로 조직 문화는 특정 조직 내의 '삶의 방식'을 의미합니다.

기업 문화

1980년대 초, 학자들은 이러한 이론과 개념을 기업 세계에 널리 알렸습니다. Peters와 Waterman(1982)은 1980년 10월 27일 『비즈니스 위크』(*Business Week*)에 "성공과 실패를 좌우하는 변화하기 어려운 가치, 기업 문화"라는 제목의 기사를 실으면서 이러한 유행이 시작되었다고 보고합니다.

이를 계기로 기업 문화 관리의 중요성을 강조하는 베스트셀러가 잇달아 출간되었기 때문입니다. 1982년에는 기업의 생명인 의식과 절차가 생산성과 성공에 기여하는 강력한 기업 문화임을 확신하는 Peters와 Waterman의 『우수성의 탐색』과 Deal과 Kennedy의 『기업 문화』가 출간되었습니다.

학자들은 일반적으로 고유한 기업 문화가 그 조직을 특징짓기에, 기업 지도자가 경영의 최고의 성과를 보장하기 위해서는 조직 생활 측면에 특별한 주의를 기울여야 한다고 주장합니다. 기업의 '뿌리 깊은' 문화를 충분히 파악하고 이해하려면 지도자는 가시적인 것을 넘어 그 안에 내재된 드러나지 않는 가치에 주목할 필요가 있습니다. 기업 지도자는 다른 사람들이 신성히 여기는 것을 표면 아래에 가려진 보이지 않는 가치에서 바로 찾을 수 있습니다. 성과와 생산성에 장기적인 변화를 일으키고자 하는 현명한 지도자는 이 단계에서 문제를 해결해야 한다는 것을 알고 있습니다.

〔그림 1〕
조직 문화에 대한 정의

문화란
- 우리가 있는 곳에서 일하는 방식. (Bower, 1966, p.22)
- 물질적 대상과 의식화된 관행으로 구체화된 특정 집단의 가치, 상징 및 공유된 의미의 체계. 특정 집단이 지닌 가치가 무엇이며 집단 구성원이 어떻게 생각하고, 느끼고, 행동해야 하는지를 규정하는 것. (Sergiovanni & Corbally, 1984, p.viii)
- 역사적인 뿌리를 두고 사회적으로 전승되어 인간의 경험에 의미를 부여하며, 보고, 평가하고, 행동하는 방식을 무의식적으로 지배하는 깊은 사고 패턴과 행동 방식의 집합체. (Deal & Peterson, 1990, p.8)
- 집단이 외부 적응과 내부 통합의 문제를 해결하면서 학습한 기본 가정을 공유하는 패턴으로, 타당하다고 간주될 만큼 충분히 잘 작동하여 새로운 구성원에게 이러한 문제와 관련한 느낌, 사고, 인식을 올바르게 가르치는 방식. (Schein, 1992, p.12)

가톨릭 문화

회의실에서 강단으로 이동하는 것은 사람들이 생각하는 것 그 이상으로 자연스러운 일입니다. Deal과 Kennedy(1982)는 독립적 형태의 본당 조직을 지니고 있음에도 불구하고 강력하고 지속적인 문화와 결속력을 지닌 로마 가톨릭 교회를 미래의 최고 경영 모델 중 하나로 제시합니다. 저자들은 교회가 공언하는 대표적 가치 외에도 사람들이 교회에 매력을 느끼는 이유는 "영혼, 정신, 신비, 마음, 기풍, 사명, 모험담"(p.195) 때문이라고 주장합니다. 그들은 이러한 이상에 대한 갈망이 인간 경험의 근본이기에, 이러한 근본적인 욕구를 해결하는 기업이 미래에 가장 성공하게 될 것이라고 결론지었습니다.

Greeley(1990, p.44)에 따르면 인간은 삶에서 의미를 추구하는 존재입니다. 종교는 대부분의 사람에게 그 의미를 제공합니다. 공통점을 찾아본다면, 종교는 목적, 행동 규범, 세상을 바라보는 시각을 제공합니다. 유럽인의 경험은 종교가 단지 문화의 하위 집합이 아니라 오히려 문화에 흡수되어 문화와 거의 구분될 수 없을 만큼 문화적으로 영향을 준다는 Greeley의 주장을 뒷받침합니다.

Lynch는 이러한 신앙관을 신념과 규범을 넘어 삶의 경험과 문화로 확장하여 신앙의 눈으로 세상을 바라보는 데는 "상상력"이 필수적이라고 주장합니다(Bednar, 1996, p.152에서 재인용). Lynch는 인간이 현실을 질서화하고 이해하기 위해 이미지를 사용한다고 주장합니다. 그래서 인간은 낯선 것을 만들고 새로운 지식을 과거의 지식에 고정시키기 위해 은유를 사용합니다. 인간이 현실을 상상하는 방식은 세계에 대한 해석에 영향을 미치기 때문에 믿음은 지성의 기능이나 신념의 활동 이상이며, 삶을 경험하는 방식입니다. Lynch는 생각과 이미지는 서로를 지지하며, 상상력은 환상이 아니라 계시의 원천이라고 설명합니다. 예를 들어, 문화적 표현인 예술은 신앙을 일깨우는 역할을 합니다(p.138). 이 이론에 근거하여 가톨릭 문화의 건축가인 가톨릭 교육 지도자들은 학교에 강력한 미술 프로그램을 마련할 필요가 있습니다.

상상력으로서의 신앙이라는 개념은 가톨릭 문화의 동의어 또는 선행 개념으로서 "가톨릭 상상력"이라는 의미로 발전하였습니다. 『가톨릭 신화』(1990)와 『가톨릭 상상력』(2000) 등의 작품을 통해 Greeley가 대중화시킨 가톨릭 상상력의 개념은 "가톨릭 신자들은 개신교 신자들과 차별화된 종교를 경험하는가?"라는 질문을 던집니다. Groome(1996, 1998), Hellwig(1995), McBrien(1994) 그리고 Tracy(1981) 등의 신학자들은 가톨릭 신자들이 사회나 세계 그리고 인간 경험에 있어 성사적 관점을 지니고 있다는 데 의견을 모읍니다. 다시 말해, 가톨릭 신자들은 근본적으로 사회의 선함을 믿고 하느님이 적극적으로 현존하고 계시하는 장소로 세상을 본다는 것입니다. 이와는 대조적으로 개신교 신자들은 예수의 죽음과 부활과 같은 드문 사건을 제외하고는 사회와 세상에는 하느님이 없다는 시각을 지니고 있습니다. 교회의 일곱 가지 성사에 반영된 '성사성'에 대한 가톨릭 신자들의 경험은 세례와 성체 성사를 강조하는 개신교 입장과 대조적인 인생의 여정을 강조합니다.

Greeley(1995)는 미국의 많은 가톨릭 신자가 피임이나 여성 사제직 같은 문제와 관련한 교회의 가르침에 동의하지 않음에도 불구하고 교회에 남아 있는 이유는, 가톨릭이 그들의 종교적 상상력에 호소하기 때문이라고 주장합니다. "실제 그들은 가톨릭 은유의 매력 때문에 교회에 남아 있습니다"(p.31). Greeley를 비롯한 많은 사람들에게 가톨릭의 정체성과 문화는 교리적 측면이기보다는 독특한 신앙적 상상력의 기능일 수 있습니다.

일치와 다양성 사이에 발생하는 자연스런 긴장은 정체성, 문화, 상상력과 관련하여 미국 가톨릭교회의 역설적 모습을 흥미롭게 제시합니다. 응집력 있는 교회 문화가 되려면 모든 사람이 같은 상상을 해야 할까요? Fitzpatrick(1987)은 미국 가톨릭교회가 직면한 우선적 과제는 점점 더 다양해지는 신자들을 수용하기 위해 가톨릭적 상상력에 대한 이해를 넓히는 것이라고 주장합니다.

또 다른 주목할 점은 가톨릭 신앙과 문화 사이에 교차되는 이해하기 힘든 것입니다. Finke와 Stark(1992)는 『미국의 교회, 1776~1990』에서 가장 반문화적이고 구성원들에게 많은 것을 요구하는 독특한 특성을 지닌 교파가 가장 높은 성장률을 보인다는 가설을 세웠습니다. 여기에 Finke는 "높은 출산율과 이주민 그리고 공격적인 마케팅 모두가 이러한 성장을 촉진하지만, 강력한 종교적 신앙과 독특한 하위문화가 신자들을 유지시킨다"(p.3). 그래서 "사람들은 확고한 종교적 구성원이 되기 위해 치른 희생의 정도에 따라 종교의 가치를 평가하는 경향이 있다. '존경할 만하고' '합리적인' '주류' 교회일수록 그 종교는 더 가치가 있으며, 소속감에 대한 가치가 낮을수록 광범위한 이탈로 이어진다"(p.238)라고 주장합니다.

가톨릭 상상력이라는 접근이 가톨릭 교육 지도자들에게 어떤 시사점을 제공할 수 있을까요? 이에 대한 답으로 몇 가지를 제시합니다. 첫째, Lynch가 공헌한 상상력으로서의 신앙에 대한 신학적 이해에 관해 Bednar(1996)는 사목자들을 포함하여 가톨릭 교육 지도자들에게 교회 지도자들이 신앙 교리만큼이나 신앙의 이미지에도 관심을 기울여야 한다고 주장합니다. "이미지는 강론에서 단순히 '주의를 끄는 도구'가 아닙니다. 이미지는 말하고, 생각하고, 느낍니다. 이미지들은 우리가 행동하도록 동기를 부여합니다. 〔…〕 공간이나 성상, 야간 조명 그리고 제단 등 교회 건물의 구조 또한 독특한 방식으로 말하고, 생각하고, 느끼고, 행동합니다. 그것들은 하느님께 특정한 방식으로 접근하도록 초대하며 신앙의 감성을 구현합니다"(p.160).

따라서 학교 환경에서 가톨릭 교육 지도자들은 의식, 의례, 상징, 의사소통 등 문화의 구성 요소를 활용하여 가톨릭적 상상력을 포착하도록 관심을 기울여야 합니다.

둘째, Fitzpatrick(1987)의 말처럼, 가톨릭 학교는 문화적 전통이나 종교적 배경이 다른 이들의 다양한 신앙 전통을 수용하기 위해 가톨릭 상상력에 대한 해석의 폭을 넓혀야 합니다. 이를 위해 가톨릭 교육 지도자들은 학교를 빛낸 인물, 전통적 의식, 상징, 의사소통에 대해 연구하고 증진시킬 필요가 있습니다.

셋째, Finke와 Stark(1992)의 접근은 가톨릭 교육 지도자들이 가톨릭 학교 교육에서 제도화된 신앙 전통의 반문화적 역동성을 보장하도록 노력할 것을 촉구합니다. 이는 가톨릭 교육 지도자들이 그들 자신뿐만 아니라 공동체의 구성원들, 특히 학생들에게 학교의 문화가 지역 공립학교와 어떤 차이점이 있는지 지속적으로 질문할 것을 요구합니다. 만일 문화적 차이를 느끼지 못한다면 제도화로 인해 종교

여러분의 학교에서 보여주는 "가톨릭 상상력"에 대해 살펴보세요.

- 하느님 체험을 강화시키는 가톨릭 의식, 이미지, 혹은 은유적 표현은 어떤 것이 있나요?
- 학창 시절 가톨릭 학교 학생으로서 가톨릭적 상상력을 키운 경험이 있나요?
- 교장으로서 학생들의 가톨릭적 상상력을 자극한 사례가 있나요?
- 다양한 문화와 종교적 전통이 학교 공동체에 존재하나요? 이들을 어떻게 수용하나요?

가톨릭의 상상력을 높이고 다양한 문화와 신앙 전통을 포용하기 위해 학교에서 할 수 있는 것을 제시해 보세요.

1. ____________________
2. ____________________
3. ____________________

문화의 일부가 당연한 것으로 받아들여지는 것일 수도 있습니다. 이러한 상황은 제도화의 악영향을 검토하고 수정하는 동시에, 가톨릭의 종교적 상상력을 되찾고 이를 활성화하기 위한 노력의 일환으로 신앙의 제도화를 추진할 필요성을 보여 주는 신호라 할 수 있습니다.

학교 문화

"문화": 집단 구성원이 세상을 바라보고 느끼며 행동하도록 영향을 주는 공유된 가치 체계

학교의 정신이나 "특성"을 구성하는 공유 가치를 세 가지로 제시해 보세요.

1. ____________________
2. ____________________
3. ____________________

"분위기": 구성원들이 조직을 바라보고 상호 작용하는 방식에 따라 결정되는 환경

위에서 나열한 세 가지 가치가 학교 분위기에서 어떻게 나타나는지 설명해 보세요.

- 건물의 배열, 장식, 냄새, 보존은 어떻게 이루어지고 있습니까?
- 방문객들을 어떻게 대하나요?
- 학교 구성원들은 어떻게 상호 작용을 하나요?
- 교실로 이동할 때 학생들이 나누는 대화 주제는 무엇인가요?

Deal은 "역사를 통해 형성된 가치, 신념, 전통이 깊숙히 반영된 반복적 행위로서 학교의 특성"을 학교 문화로 정의하며(Deal & Peterson, 1990, p.7), 학교 문화의 개념을 대중화하는 데 기여하였습니다(Deal, 1985, 1991, 1993; Deal & Peterson, 1990, 1999). 이러한 점에서 문화는 감추어져 있는 비공식적인 교과과정입니다. 이것이 학교의 공식적인 교육과정이 끝나더라도 졸업생들이 오랫동안 학교를 기억하는 이유입니다.

방문객들은 학교 정문을 들어서자마자 학교의 문화를 느낄 수 있습니다. 물리적 배치, 벽면의 장식, 방문객을 맞이하는 사람들의 태도, 학교의 청결도와 냄새, 학생들이 교실로 이동하면서 무슨 이야기를 하는지, 사람들이 서로 어떻게 상호 작용하는지를 통해 많은 것을 유추할 수 있습니다.

지역 인증 기관에서도 학교 문화에 대한 연구의 가치를 인정하고 있습니다. 1994년 가을, 뉴잉글랜드 학교 및 대학 협회(NEAS&C)는 각 학교가 자체 연구 보고서의 한 섹션 전체를 학교 문화에 할애할 것을 요구하였습니다. 이 섹션은 자율 학습으로 마무리하는 데, NEAS&C에서는 이를 "통합 활동"(p.61)으로 간주합니다.

많은 연구가 학교 효과성을 결정할 때 학교 문화를 가장 중요하게 여깁니다(Brookover 등, 1979; Brookover & Lezotte, 1979; Grant 1981, 1982, 1985; Lightfoot, 1983; Purkey & Smith, 1983, 1985; Rutter 등, 1979). Purkey와 Smith(1983)는 문화의 중요성을 강조하기 위해 "효과적인 학교는 문화로 구별된다"고 선언하였습니다(p.68).

가톨릭 학교 문화에 대해 논의하기 전에 가톨릭 학교를 효과성의 모델로 인용하는 연구를 살펴보는 것이 중요합니다. 이 연구들은 가장 효과적인 학교의 특징이 '공동체 의식'이라는 데 초점을 맞추고 있습니다(Bryk & Driscoll, 1988; Bryk 등, 1993; Grant, 1981, 1982, 1985; Lightfoot, 1983; Purkey & Smith, 1983, 1985; Rutter 등, 1979; Sergiovanni, 1994b). Coleman과 그의 동료들은 수학과 어휘 성취도의 성장 및 중퇴율과 같은 척도를 사용하여 공립과 사립 및 교구 학교의 효과를 비교함으로써 가톨릭 학교의 공동체적 특성을 강조하는 데 많은 노력을 기울였습니다(Coleman 등, 1982; Coleman & Hoffer, 1987). 이 연구자들은 "다양한 배경을 가진 학생들의 중퇴율에 대한 조사 결과가 두드러졌다. 여기서 가톨릭의 공동체적 특성은 학교를 중퇴할 가능성을 급격하게 감소시키는 것으로 보인다"며 가톨릭 학교의 우선적 성공 요인으로 공동체적 분위기를 제시하였습니다(Coleman & Hoffer, 1987, p.148).

가톨릭 학교의 공동체적 특성이 지닌 근본적인 강점을 설명하기 위하여, Coleman 등은 '가치' 공동체와 '기능' 공동체를 구분하여 제시합니다. 이들의 연구에 따르면 가치 공동체는 구성원들이 공통의 가치관을 공유하는 것을 의미합니다. 반면, 기능적 공동체는 구성원들이 공통의 가치를 갖고 학교 안팎에서 서로 긴밀하게 연결되는 공동체라 할 여러분 학교의 문화가 지역에 있는 공립학교와 어떻게 다른지 나누어 보세요.

____
____
____
____

여러분의 학교 문화를 특징짓는 가치들이 있다면 어떤 것이 있습니까?

1. ____________________
2. ____________________
3. ____________________

이러한 가치들을 배양할 수 있는 구체적인 방법을 제시해 보세요.

1. ____________________
2. ____________________
3. ____________________

수 있습니다. Coleman과 Hoffer(1987)는 "현대 사회에서 종교 공동체는 강력한 기능적 공동체의 기반으로 성인과 어린이를 모두 포함하는 몇 안 되는 곳 가운데 하나"라고 주장합니다(p.215).

Coleman 등은 기능적 공동체가 청소년에게 '사회적 자본'을 구축하도록 돕는다고 주장합니다. 부모와 부모, 부모와 자녀, 부모와 학교 간의 상호 작용을 이루는 관계망으로 이루어진 사회적 자본은 청소년의 성장에 도움을 주는 자원입니다. 금융 자본이나 인적 자본을 개발해야 할 자산으로 여기는 것처럼 사회적 자본도 마찬가지입니다. Coleman과 Hoffer(1987)는 "이 모든 연구 결과가 종교 공동체에서 확인되듯이, 청소년들은 가족이나 주변 성인 공동체와 같이 자신들과 가장 가까운 성인들의 영역에 내재된다는 점이 가장 두드러진다"(p.229)는 것을 이 연구 결과가 보여 준다고 결론을 내립니다.

효과적인 학교는 강력한 공동체 정신을 통해 문화를 확고히 보여 줍니다. 따라서 가톨릭 학교는 특히 성인 신앙 공동체의 강력한 지원으로 형성된 '사회적 자본'을 통해 성공할 수 있습니다(Coleman 등, 1982; Coleman & Hoffer, 1987). 이는 가톨릭 교육 지도자들에게 적어도 한 가지 분명한 시사점을 제공합니다. 즉, 그들이 신앙 공동체이며 기능적인 가톨릭 학교 문화를 설계하고 구축하는 것이 학문적 성과에 영향을 미친다는 것입니다.

가톨릭 교육 지도자는 신앙 공동체를 구축하지 않고도 학교 공동체를 구축할 수 있습니다. 그러므로 가톨릭 교육 지도자는 성경과 전통에 충만히 표현된 것을 바탕으로 가톨릭교회의 문화와 공동체를 구축하는 노력을 의지적으로 기울여야 합니다.

제 2 장

가톨릭 학교 문화

• **가톨릭 학교 문화**

1970년대부터 Flynn은 호주 가톨릭 학교의 효과성을 종교적, 학문적 성과 측면에서 연구해 왔습니다. 그는 자신의 저서 『가톨릭 학교 문화』(1993)에서 "학교에 대한 학생들의 태도와 학교생활에 대한 그들의 경험에서 알 수 있듯이, 이 연구에서 사용된 가톨릭 학교의 종교적·학문적 성과에 관한 여섯 가지 측정 항목에서 학교의 문화가 중요한 역할을 합니다. 실제로 가톨릭 학교는 중요한 차이를 만들어 내고 있습니다!"(p.393)라는 결론에 도달합니다.

Flynn의 연구는 가톨릭 학교 문화를 다음과 같이 정의함으로써 조직 문화에 대한 세속적 정의를 확장해 나갑니다. "가톨릭 학교의 문화는 학교 공동체에 의미를 부여하고 학생, 교사, 학부모의 삶을 형성하는 데 도움이 되는 핵심 신념, 가치, 전통, 상징 및 행동 패턴을 표현합니다. 간단히 말해, 문화는 '우리가 이곳에서 행하는 방식'입니다"(p.39).

이 연구에서는 "가톨릭 학교 문화 혹은 가톨릭 학교의 생활 방식에서 두드러진 특징은 무엇인가?"라는 중요한 질문을 제기합니다.

가톨릭 학교의 정체성과 교육 목표

무엇보다 가톨릭 학교는 다른 어떤 것이 되기 전에 먼저 학교라는 사실을 상기해야 합니다. 이 경우에 사용된 "가톨릭"은 명사가 아니라 명사를 한정하는 형용사입니다. 본질적으로 가톨릭 학교는 좋은 가톨릭 학교가 되기 전에 좋은 학교이어야 합니다. 21세기를 위한 가톨릭 학교 전국 모임에서는 "교직원과 학생들의 지적 발달을 촉진하는 학문적 우수성에 대한 헌신은 가톨릭 학교 사명을 구성하는 필수적인 부분입니다"(National Congress, 1992, p.17)라고 언급하였습니다.

Bryk 등(1993)은 학교의 효과성과 관련하여 가톨릭 고등학교에서 두드러진 특징을 연구했습니다. 흥미롭게도 가톨릭 고등학교 학생들은 비슷한 공립 고등학교에 다니는 학생들보다 주요 과목을 더 많이 수강합니다. 저자들은 일부 공립 고등학교의 '쇼핑몰'식 문화와 낮은 학업 수준으로 인해 학생들이 "직업에 대해 비현실적인 이해를 가지며, 자신의 현재 노력이 그 목표에 얼마나 부합하는지에 대한 자각도 부족하다"고 지적합니다. 이어 "일부 공립 고등학교의 규범과 달리, 단지 '자리를 지키고 있는 것'만으로 인생에서 성공하는 경우는 거의 없다"(p.305)고 경고합니다.

따라서 가톨릭 정체성은 인문학 기반의 학문적 우수성뿐만 아니라 종교적 사명도 포괄합니다. 이 정의를 좀 더 확장하면, 학교의 "가톨릭 정체성"이라는 개념에는 이를 지지하는 교회의 가톨릭적 특성이나 보편성을 인정하는 세계적, 다문화적 측면이 포함되어야 하지 않을까 싶습니다. 가톨릭 학교 정체성에 대한 세 가지 정의를 사용하여[그림 2], 가톨릭 학교가 각 지역의 독특한 교육의 일환으로서 미래로 향해 가야 합니다.

가톨릭 학교의 정체성인 "복음적 문화"

가톨릭 학교를 하나로 묶어 주는 중력은 복음주의적 종교적 사명이라는 개념입니다. '복음을 선포하라'(마태 28,19~20 참조)는 교회의 사명에 가톨릭 학교가 동참한다는 것은 가톨릭 학교의 존재 이유와 연결됩니다.

〔그림 2〕
가톨릭 학교 정체성

가톨릭 학교의 정체성 = 학문적 탁월성 + 종교적 사명 + 세계화 / 다문화주의

가톨릭 학교 정체성 실천에 관한 다음 세 영역에 대해, 여러분의 학교를 'A'부터 'F' 사이의 점수로 평가해 보세요.

________ 학문적 탁월성
________ 종교적 사명
________ 세계화/문화적 다양성

학교 성적을 향상시키기 위해 실천할 수 있는 방법을 세 가지로 적어 보세요.

1. ____________
2. ____________
3. ____________

교회 문서는 가톨릭 학교의 종교적 사명에 대한 논의를 시작할 수 있는 논리적 출발점을 제공합니다. [그림 3a와 3b]는 가톨릭 학교의 종교적 정체성, 목표, 독특한 문화를 확인할 수 있는 교회 문서의 표현을 연대기 순으로 나열한

것입니다.

이에 대한 핵심 주제는 다음과 같이 정리할 수 있습니다: 복음에 기초한 자선과 자유의 정신으로 활기찬 분위기, 삶과 신앙 그리고 문화와 신앙의 통합, 신앙으로 조명된 지식, 신앙 공동체의 형성, 역사와 문화, 세상과 생명에 대한 그리스도교적 비전, 신앙과 이성의 통합, 성숙한 인격의 형성 등이 그것입니다.

이러한 특징은 학교의 종교적 사명을 제대로 언급하고 있습니다. 그러나 동시에 이 문서는 이러한 사명이 교실에서 이루어지는 공식적인 종교 교육에만 국한된 것이 아님을 분명히 밝히고 있습니다. 의심할 여지 없이 이 문서는 이 사명을 설명하기 위하여 '흡수' '종합' '통합' '조명'과 같은 포괄적인 용어를 사용하여 가톨릭 학교의 종교적 사명을 더 넓은 맥락에서 구상하고 있습니다.

'신앙 공동체'로서 가톨릭 학교

가톨릭 학교의 목표 중 하나는 학생들이 자신의 고유한 인격을 발견할 수 있는 기회가 보장되는 환경을 제공하는 것입니다. 모든 학생은 하느님의 모상(模相)대로 지음을 받았으나, 그들은 각기 다른 필요와 재능, 은사를 가지고 있습니다. 가톨릭 학교는 이러한 은사를 끌어내고 학생들이 개인적, 집단적 잠재력을 발휘하도록 돕는 노력을 합니다. 성공을 경험하며 느끼는 긍정적 태도는 자신감, 자긍심, 자기 가치, 자기 존중감을 키우는 데 도움이 됩니다.

〔그림 3a〕
가톨릭 학교의 종교적 정체성과 목적, 문화에 대해 언급하는 교회

제2차 바티칸 공의회 문헌(1965a/2008), 「그리스도교 교육에 관한 선언」(교육의 중대성): "가톨릭 학교의 고유한 사명은 자유와 사랑의 복음 정신으로 활력이 넘치는 학교 공동체의 분위기를 조성하고, 청소년들이 자기 인격의 계발과 함께 세례를 통하여 새로 난 사람으로서 자라나도록 도와주고, 또 학생들이 점차 습득하여 가는 세계와 인생과 인간에 대한 지식을 신앙으로 비추어 주도록 모든 인간 문화를 궁극적으로 구원의 소식과 결부시키는 것이다." (8항)

교황청 가톨릭 교육성성, 「가톨릭 학교에 관한 지침」(1977/2022): "가톨릭 학교가 〔…〕 개별 인간의 전인적 형성을 목적으로 한다면"(36항), "이상과 같은 전제 사항은 가톨릭 학교의 임무와 정체가 어떤 것인지 지적해 준다. 가톨릭 학교의 사명은 근본적으로 문화와 신앙의 결합이요, 신앙과 생활의 종합이다. 전자는 가르침을 받는 사람들을 통해서 인간 지식의 모든 부면이 복음의 빛에 비추임 받아 통합됨으로써 달성되고, 후자는 그리스도 신자다운 고유한 덕성을 성장시킴으로써 달성된다." (37항)

가톨릭 교육 지도자로서 여러분 학교의 사명을 표현하는 단어, 문장, 메시지를 위의 발췌문에서 찾아보세요.

1. ____________________
2. ____________________
3. ____________________

라틴어 'Educare'("밖으로" 끌어내다)가 지닌 문자 그대로의 의미에 충실한 교회는 교육을 "인간으로 하여금 모든 면에서 전인적 존재가 되는 것을 방해하는 조건으로부터 인간을 해방하여 내면으로부터 인간의 발전을 도모하는 일"(가톨릭 교육성성, 1977/2022, 29항)로 간주합니다. 교육에 해방적 특성이 있다면, 한 인간이 통합적이 될수록 그 개인은 보다 덜 자기중심적이며 타인의 필요에 더 잘 봉사할 수 있게 될 것입니다. 그러므로 복음 문화의 개인적 요소는 인간 존재의 마음과 정신 그리고 영혼 모두가 통합적으로 형성되고 성장하는 것을 가리킵니다.

'복음 문화'는 또한 공동체적 차원을 의미합니다. "그리스도교 신앙이 낳고 자라는 것은 공동체 안에서다"(가톨릭 교육성성, 1977/2022, 53항)라고 믿는 가톨릭 학교 교육은 종교적 사명이 지닌 본질적인 면을 강조합니다. 잘 발달된 공동체 생활은 가톨릭 학교의 차별적인 특징으로 널리 알려져 있으며, 종교적 양성이나 학문적

효과성에 필수적인 재료입니다(Coleman 등, 1982; Coleman & Hoffer, 1987).

효과적인 가톨릭 학교(Bryk, Holland, Lee, & Carriedo, 1984)는 학교가 지닌 '가톨릭적 특징'이라는 관점에서 가톨릭 정체성과 학교 문화에 대해 이야기했습니다. 1993년까지 가톨릭 학교가 공동선과 뗄 수 없는 관계에 있었음은 분명합니다: "최근 가톨릭 고등학교에서 시간을 보낸 사람이라면 그 누구도 학교의 독특한 분위기를 무시하기가 어렵다는 것을 알게 될 것입니다. 이 특별한 특징을 이해하기 위해, 연구자들은 학생들과 어른들이 '우리는 공동체'라고 설명한 것에서 학교가 지닌 사회 조직의 본질을 포착할 수 있다는 결론을 내렸습니다"(Bryk 등, p.127).

1984년 연구와 달리 연구자들은 가톨릭 학교를 '공동체적' 조직으로 만드는 네 가지 특징을 확인하였습니다. 이러한 특징은 구성원 간의 명확한 경계, 공유된 신념 및 공유된 교육과정과 과외 활동, 공유된 신념을 강화하는 종교 활동 그리고 독특하고 확장된 역할을 수행하는 인적 자원으로 구성된 공식적인 조직 구조입니다.

우리는 Coleman 등(1994)과 Bryk 등(1993)이 모두 가톨릭 학교 공동체를 종교적 측면에서 이야기하고 있다는 점에 주목할 필요가 있습니다. 많은 사립 및 공립 학교가 공동체를 구축할 수 있고 실제로 구축하지만 가톨릭 학교에 존재하는 공동체의 특징과 강점은 본질과 동기가 종교적 차원이라는 것입니다. 이에 대해 McDermott(1997)은 "가톨릭 학교는 학문적 공동체 내의 종교적 공동체라는 점에서 독특합니다"(p.11)라고 정리하였습니다.

〔그림 3b〕
가톨릭 학교의 종교적 정체성과 목적, 문화에 대해 언급하는 교회

교황청 가톨릭 교육성성, 「가톨릭 학교 교육의 종교적 차원」(1988): "학생은 가톨릭 학교에 첫발을 내딛는 순간부터 학교가 지닌 고유한 특성인 신앙의 빛으로 비친 새로운 환경에 들어선다는 인상을 가져야 한다." (25항)

교황청 가톨릭 교육성성, 「제삼천년기의 문턱에 서 있는 가톨릭 학교」(1997/2022): 모든 과목의 핵심이 되어 온 이성과 신앙을 결합시키려는 노력은 각 과목의 일치와 분할과 통합에 이바지하고, 학교에서 가르치는 지식 속에 그리스도교의 세계관, 인생관, 문화관, 역사관이 자라게 한다. 가톨릭 학교의 교육 계획은 학습 시간과 양성 시간, 지식 습득의 시간과 지혜 획득의 시간을 분리하지 않는다. […] 이러한 과정에서, 그리스도인 양성 계획 안에 포함된 모든 과목은 각각 그 고유하고 특수한 내용으로 성숙한 인격 형성에 이바지하는 것이다." (14항)

가톨릭 교육 지도자로서 여러분의 사명을 표현하는 단어, 문장, 메시지를 위의 발췌문에서 찾아보세요.

1. ____________________
2. ____________________
3. ____________________

본질적으로 '복음 문화'는 '신앙 공동체'에서 제시됩니다. 미국 주교들은 『예수님처럼 가르치려면』(National Conference of Catholic Bishops, 1972)에서 이에 대한 입장을 표명하고 있습니다. "공동체는 교육 사목의 필수 조건이자 열정적으로 사목을 지향해야 하는 중심에 있습니다. 그러므로 교회의 교육적 노력은 공동체 안에서 사람을 양성하는 데 초점을 맞추어야 합니다. 개별 그리스도인에 대한 교육은 개인이 홀로 짊어져야 할 운명일 뿐만 아니라, 그가 살아가는 공동체의 운명에도 중요한 것입니다"(n.13). 나아가, "공동체를 구축하고 생활하는 것은 현대 가톨릭 학교의 가장 중요하고 명백한 목표가 되어야 합니다"(n.108).

잘 발달된 공동체 생활은 가톨릭 학교의 두드러진 특징으로 널리 알려져 있습니다. 그러나 이 같은 신앙 공동체가 공립 및 사립 학교와 구별되는 점은 누가, 무엇을, 왜 공동체를 이루는지가 복음과 의도적으로 연결된다는 점입니다. 이러한 신앙 공동체가 '복음 문화'를 만드는 것입니다.

공동체 안에서 개인을 양성하는 여러분 학교의 효과성에 대해 설명해 보세요.

- 여러분의 학교는 학생들의 마음, 정신, 영혼 전체가 통합적 성장을 이루는 데 어떻게 도움을 주고 있나요?
- 여러분의 학교는 어떻게 학습자, 신앙인, 친구로 이루어지는 학교 공동체를 구축해 나가나요?

공동체 안에서 개인을 양성하는 학교의 효과성을 증대시킬 수 있는 실천 방안 세 가지를 제시해 보세요.

1. ____________________
2. ____________________
3. ____________________

〔그림 4〕
가톨릭 학교 문화 = 신앙 공동체

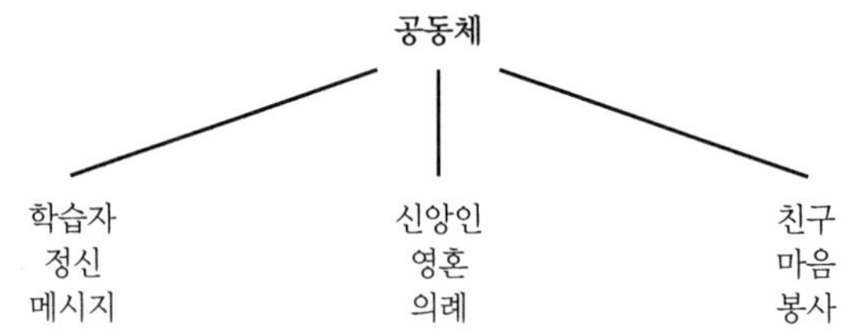

이러한 입장을 바탕으로 정리하면, 공동체는 종교적·학문적·사회적 측면 등 가톨릭 학교의 모든 생활 방식의 기초라 할 수 있습니다. 그러므로 공동체 안에서 사람을 양성한다는 것은 학생들이 학습자, 신앙인, 친구로 구성된 공동체에 스며듦으로써, 그들의 마음과 정신, 영혼을 개발하는 것을 의미합니다(그림 4).

가톨릭 학교의 "관계의 문화"

관계의 핵심을 이해하기 위해서는 그리스도교 신학의 삼위일체에 대한 근본적인 믿음보다 더 멀리 바라볼 필요는 없습니다. 성부·성자·성령이신 세 위격은 서로 밀접하게 관련되어 있을 뿐만 아니라 삼위일체를 이루는 한 분이신 하느님이십니다. 그래서 '하느님을 사랑하고, 네 이웃을 네 몸과 같이 사랑하라'(마르 12,28~31 참조)는 예수님의 가르침은 이러한 관계의 명령에 대한 본질을 잘 나타내 줍니다. 성사, 중재, 친교 그리고 전통과 같은 가톨릭의 핵심 가치(McBrien, 1994)는 이러한 입장을 강조합니다.

〔그림 5〕
가톨릭 학교 문화 = 관계의 문화

관계의 대상	....	하느님
	....	자기
	....	타자
	....	지역 및 세계 공동체
관계	....	신앙과 문화
	....	신앙과 이성
	....	신앙과 삶

이러한 "관계의 문화" 맥락에서, 여러분의 학교 공동체에서 강화시켜야 할 관계가 있다면 어떤 것이 있을까요?

___

이러한 관계를 강화시키기 위해 여러분이 하고 있거나 할 수 있는 것에 대해 적어 보세요.

___

___

___

가톨릭 교육의 특징인 전인 교육은 학생의 마음과 정신, 영혼의 관계뿐만 아니라 하느님과 타인 그리고 그들 스스로와의 관계도 포괄합니다. 그래서 가톨릭 학교 문화는 "관계의 문화"라고 할 수 있습니다(그림 5). 학교는 지식, 문화, 신앙, 인간관계가 하느님 안에서 그 진정한 기원을 찾을 수 있다는 인식을 심어 줄 뿐만 아니라 인간적·신적인 관계를 모두 육성할 때 가톨릭의 독특성을 지닌 학교가 됩니다.

가톨릭 학교 문화의 실천적 정의

신앙 공동체에 기반을 둔 격려하고 환대하는 학교 문화는 종교 교육을 위해 학생들의 정신과 마음, 영혼을 준비시키는 전제 조건입니다. 그러나 많은 학생의 신앙을 키우는 데 있어 학교의 역할은 씨앗을 심는 것(복음화 전 단계)에 그칠 수 있습니다. 신앙의 뿌리를 내리고(복음화) 꽃을 피우는(교리교육) 일은 졸업 이후 오랜 시간이 지나 이루어질 수 있습니다.

[그림 6]에서 제시하는 가톨릭 학교 문화에 대한 실천적 정의는 『가톨릭 문화 건축가』 전체에서 사용될 것입니다. Flynn(1993)이 제시한 개념을 수정하고 확장한 이 정의는 가톨릭 교육 지도자의 '의도성'을 포함하고 있습니다. 다시 말해, 가톨릭 교육 지도자는 학교 문화를 전수하기 위한 적응과 사회화를 통해 의식적이며 의도적인 방식으로 신입생들에게 문화를 소개하고 그들이 거기에 젖어 들도록 해야 합니다. 또한, 가톨릭 교육 지도자는 가톨릭 학교 문화가 학교 공동체의 일상생활에 영향을 미치는 '살아 있는 유산'으로 남을 수 있도록 의식적이며 의도적으로 새롭게 해 나가야 합니다.

〔그림 6〕
가톨릭 학교 문화의 정의

가톨릭 학교 문화는

그리스도에 뿌리를 둔 "삶의 방식", 복음에 기반한 신념과 규범, 영감과 정체성을 제공하는 가톨릭 비전은 시간이 지나면서 형성되고, 상징과 전통 등 가톨릭의 상상력을 자극하고 포착하는 장치를 통해 한 세대에서 다음 세대로 전승됩니다.

그러므로 문화는 제1장에서 설명했던 것처럼 가톨릭 교육 지도자들이 가톨릭 상상력, 종교적 사명, 의도성의 개념을 염두에 두고 관심을 기울여야 할 조직적 역동성입니다. 또한, 감추어진 비공식적 교육과정인 가톨릭 학교 문화는 종교적·학문적 성과 모두에 영향을 미치고 있음을 제2장에서 확인하였습니다. 제3장은 가톨릭 교육 지도자가 가톨릭 학교의 문화를 구축하는 데 사용할 수 있는 구성 요소를 식별해 나가는 7개 장으로 구성된 건축 계획에 대하여 탐색을 시작하는 첫 번째 장이 될 것입니다.

제 3 장

믿음의 핵심과 가치

• 핵심 가치와 신념

핵심 가치와 신념은 집단이 공통적으로 소중히 여기고 보편적으로 받아들이는 이상을 의미합니다. 즉, 핵심 가치와 신념은 집단이 신성하게 여기며 추구하는 것을 대표합니다. 이처럼 공통적으로 받아들여지는 이상은 의미를 부여하고 자부심을 불러일으키기 때문에 집단의 정체성을 형성합니다. 많은 이론가가 일반적으로 핵심 가치가 문화의 초석이자 기본 요소라는 데 동의합니다. 그래서 문화는 이상에 대한 응집력의 정도에 따라 강해질 수 있습니다.

가톨릭 문화

가톨릭 신자들은 믿음에 관하여 다른 그리스도교 신

신학자들이 조사한 가톨릭의 핵심 가치와 신념 가운데서, 학교에서 드러내지 않지만 우선순위로 삼고 싶은 핵심 가치와 신념은 어떤 것일까요?

학교에서 가톨릭의 핵심 가치와 신념을 우선순위로 삼기 위해 할 수 있는 것에 대해 생각해 보세요.

1. ____________________
2. ____________________
3. ____________________

자들과 많은 부분에서 공통점을 가지고 있지만, 가톨릭 신앙을 다른 그리스도교 종파와 구별하는 근본적인 신념과 가치를 지니고 있습니다.

제2차 바티칸 공의회 이후 가톨릭 신학자들은 가톨릭 교회의 독특한 특징을 규명하기 위해 노력해 왔습니다. 그러나 이 작업의 대부분은 침례교 신학자인 Gilkey(1975)의 연구를 기반으로 합니다. McBrien(1994)은 성사성, 중재, 친교와 같은 가톨릭의 특징을 대중화함으로써 가톨릭 신자들이 하느님과 종교를 어떻게 경험하는지 밝혔습니다. McBrien은 가톨릭교회가 이러한 원칙을 적어도 한 가지 이상 다른 종교와 공유하고 있음에도, 가톨릭의 종교적 전통을 구별시키는 것은 오히려 이러한 원칙의 독특성 때문이라고 주장합니다. 다른 가톨릭 신학자들은 McBrien의 목록을 수정하여 (Groome, 1996, 1998; Hellwig, 1995), 각각 다른 관점에서 의미를 보완하였습니다.

가톨릭 문화의 근간은 가톨릭을 다른 그리스도교 종파와 구별하는 핵심 가치와 신념에 있습니다. McBrien(1994), Hellwig(1995), Groome(1996, 1998)에 따르면 가톨릭 신자들은 세상 안에서 하느님의 현존을 인정하고, 교회와 그리스도의 현존을 연결시켜 세상 안에서 하느님을 만날 수 있다고 믿으며 세상과 삶을 성사로 바라보고 있습니다. 하느님에 대한 가톨릭 신자들의 체험은 성인들(saints)과의 친교를 포함하여 보편적이고 포용적인 공동체 안에서 이루어집니다. 가톨릭 신자들은 하느님께서 성경과 역사적 전통(전승)을 통해 당신을 계시하신다고 믿습니다. 가톨릭 신자들은 이성과 신앙의 상호 작용을 믿으며 비유와 은유를 통해 하느님을 상상하고 오감을 통해 종교를 경험합니다. 특히, 가톨릭 신자들은 본질적으로 인간이 선하기에, 인간 각 개인은 존엄성을 지니며 존중받을 만한 인격을 가지고 있다고 믿습니다. 따라서 가톨릭 신자들은 모든 사람이 정의를 위해 일함으로써 모든 인간의 생명을 보호해야 할 사회적 책임이 있다고 믿습니다.

이 같은 복합적인 지식(McBrien, 1994; Hellwig, 1995; Groome 1996, 1998)은 가톨릭 교육 지도자들이 가톨릭 문화의 건축가로서 역할을 하는 데 아주 소중하지는 않더라도 유익하다는 것을 보여 줍니다. 다시 말해 이 같은 분석 결과는 핵심 가치와 신념이 모든 가톨릭 교육기관에 스며들어야 한다는 것을 나타냅니다.

학교 문화

영화 「죽은 시인의 사회」의 시작 장면은 학교가 핵심 가치를 어떻게 증진시켜야 하는지를 잘 보여 줍니다. 새 학기 첫 조회가 시작되면 학교의 가치가 새겨진 현수막 행진이 펼쳐집니다. 교장 선생님이 "여러분, 네 가지 기둥이 무엇일까요?"라고 물으면, 학생들은 자리에서 일어나 일제히 "전통, 명예, 규율, 탁월성"이라고 대답합니다.

미네소타의 한 중학교는 또래의 압력 없이 자신의 개성을 발전시킬 자유, 신체적 또는 정신적 학대로부터의 자유, 인종, 성별, 종교, 몸집 등을 이유로 배척당하거나 놀림을 받지 않을 자유, 괴롭힘이나 무례함으로부터의 자유, 방해받지 않고 학습할 자유 등 6가지 핵심 가치를 '권리장전'에 담았습니다(Johnston, 1995, pp.12~13).

핵심 가치와 신념에 관해 이야기한다면, 이는 보편적으로 받아들여지고 교육적 의사 결정에 영향을 주는 결정적인 틀이 될 것입니다. 많은 사람들은 오늘날 공립학교를 괴롭히는 문제 중 하나가 Coleman과 Hoffer(1987)가 '가치 일관성'이라 부르는, 응집력 부족이라고 주장합니다. 가치의 응집력을 보이는 학교 공동체는 일상적인 의사 결정과 장기 계획의 측면에서 속도와 명확성이라는 이점을 가질 수 있다는 논리를 제시합니다. 연구자들은 가치 응집력을 키운 공립학교로 '자석처럼 매력을 끄는' 마그넷(magnet) 학교를 예로 들었습니다. 그러나 제1장에서 언급했듯이 Coleman과 Hoffer는 '가치 공동체'를 주도하는 일관된 가치만으로는 충분하지 않을 수 있음을 강조합니다. 청소년 교육과 양성에 필요한 것은 청소년을 성장시키는 데 큰 영향을 미치는 '사회적 자본'을 갖춘 '기능적 공동체'입니다.

그렇다면 이러한 것이 가톨릭 교육 지도자들에게 주는 교훈은 무엇일까요? 가톨릭 학교가 '가치 공동체'와 '기능 공동체'의 효과적인 사례로 거론되고 있지만, 사회화와 공동체 형성에 대한 관심이 지속적이지 않다면 가톨릭 학교의 효과성에 크게 기여했던 사회적 자본은 사라질 것입니다.

가톨릭 학교 문화

'복음적 가치'는 교회 문서에서 가톨릭 학교 문화를 설명하거나 가톨릭 학교 교육의 핵심 가치와 신념을 구분하는 데 사용되는 일반적인 용어입니다(그림 3a 및 3b). 그러나 일부 가톨릭 교육자를 포함하여 가톨릭 학교에서 일하는 사람들이 이러한 가치가 학교 문화에 거대한 의미를 부여한다는 것을 안다고 가정하기는 어렵습니다(그림 7).

슈퍼비전과 교육과정 개발을 위한 협회 역할이라는 ASCD의 신념(Brandt, 1997)처럼, NCEA가 후원하는 21세기를 위한 가톨릭 학교 전국 대회에서는 가톨릭 학교의 가톨릭 정체성에 관한 신념 선언문의 구성 목록을 개발했습니다(National Congress, 1992). 이 선언문은 공동체, 의식, 예식, 봉사, 신앙과 이성의 통합, 인간 존엄성, 영성과 같은 가치를 강조합니다. 주목할 점은, 이 선언문에는 반드시 종교적일 필요가 없지만 가톨릭 정체성에 대한 이해의 필수적인 요소로서 학문적 탁월성이나 지적 성장과 같은 가치의 내용도 포함되어 있습니다.

〔그림 7〕
가톨릭 학교 교육을 활발하게 만드는 복음적 가치

신 앙	진리, 충실, 전통, 교리, 기도, 계시, 성경 읽기
봉 사	헌신, 배려, 관심, 참여, 공감, 자선
용 기	희생, 극기, 의연함, 자제, 규율, 인내, 절제
정 의	용기, 위험, 인간 존엄성, 청지기 정신, 예언, 상호 의존성, 평화 추구, 평등한 재화 분배, 의연함, 공감
희 망	낙관주의, 자신감, 기쁨, 현실주의, 섭리, 신뢰, 예언
사 랑	(하느님을 향한) — 경외, 경배, 복종, 기도 (자신을 향한) — 자존감, 신중함, 절제, 창의성 (타자를 향한) — 배려, 관심, 존중, 수용
화 해	용서, 자비, 연민, 겸손, 갈등 해결, 악을 없애려는 노력, 적에 대한 사랑
공동체	개인의 존엄성, 소속감, 평등, 동료의식, 신뢰, 배려

출처: Reck, C. (1953). *Vision and Values*. Washington, DC: National Catholic Educational Association

여러분이 믿는 복음적 가치나 카리스마 가운데 학교에서 강조해야 하는 것은 무엇인지 생각해 보세요.

____

학교의 종교적 사명을 보다 명확히 제시하기 위해 이들 복음적 가치나 카리스마를 어떻게 연결할 수 있을까요?

____

____

____

이러한 연결을 강화하기 위해 여러분이 할 수 있는 것을 적어 보세요.

1. __________________
2. __________________
3. __________________

수도회가 설립한 학교의 경우, 학교의 핵심 가치와 신념은 수도 공동체가 지닌 카리스마의 특성이 반영되는 경우가 많습니다. 예를 들어, 예수회 학교는 '활동하는 관상가' '타인을 위한 학생' '봉사하는 지도자'의 가치를 내세우며 이냐시오의 전통에 따라 성찰을 통한 타인에 대한 봉사를 강조합니다. 자비의 수녀회가 설립한 학교들은 '연민과 봉사' '여성과 여성 문제에 대한 관심'이라는 두 가지 핵심 가치를 제시하는데, 이는 가경자 캐서린 매클리(Catherine McCauley) 수녀로부터 영감을 받은 자비의 전통에 깊은 뿌리를 두고 있습니다. 미국 켄터키주 루이빌에 위치한 우르슬라회 캠퍼스는 우르슬라회의 카리스마와 안젤라 메리치(Angela Merici) 성녀에서 비롯된 공동체, 리더십, 경외심, 봉사의 네 가지 핵심 가치를 드러냅니다. 성심학교 연합회는 성 마들렌 소피 바랏 수녀가 성심회를 설립한 이래 성심 교육을 특징짓는 일련의 원칙에 따라 운영됩니다. 이는 하느님에 대한 개인적이고 적극적인 믿음, 지적 가치에 대한 깊은 존중, 현명한 자유의 분위기 속에서 개인의 성장이라는 원칙을 제시합니다.

가톨릭 학교는 공동체 봉사, 학문적 탁월성 등과 같은 특정한 가치와 신념에 대해서는 공립학교와 같은 방식으로 공유하지만, 가톨릭 학교 문화를 묘사하기 위해 사용하는 이와 유사한 언어는 가톨릭 학교 교육에 동기를 부여하는 것이 시민적 덕목이 아닌 종교적 원칙임을 암시하고 있습니다. 공립학교의 궁극적인 목표는 덕을 갖춘 사람을 졸업시키는 것일 수 있습니다. 반면, 가톨릭 학교는 "덕 있는 사람을 그리스도의 사람으로 변모시키"(가톨릭 교육성성, 1977/2022, 47

항)는 것입니다. 이러한 점을 고려할 때 가톨릭 문화의 건축가로서 가톨릭 교육 지도자의 우선적 과제는 학교의 핵심 가치와 신념을 의식적이고 의도적이며 지속적인 방식으로 그리스도와 복음에 연결하는 것입니다.

진정한 가톨릭 학교는 신앙 공동체로써 학교가 하는 일을 복음과 의도적으로 연결하며 복음적 문화를 발산하는 것입니다. 또한, 가톨릭 문화의 건축가인 가톨릭 교육 지도자들은 학교 공동체가 적극적으로 사회화하여 가치 결속과 사회적 자본으로 기능하는 지원망을 구축해야 합니다(Coleman 등, 1982; Coleman & Hoffer, 1987).

어떤 실천가들은 '존중'이 다른 많은 가치를 포괄하는 중요한 가치이기에, 이를 출발점으로 제안합니다. 다수의 연구(Coleman 등, 1982; Coleman & Hoffer, 1987; Bryk & Driscoll, 1988; Bryk 등, 1993)가 '공동체'라는 핵심 가치가 출발점이 될 수 있다고 주장합니다. Maslow(1970)의 이론을 반영한 『미국 교리 지침서』(National Conference of Catholic Bishops, 1979)는 "복음 메시지의 토대를 마련"(n.34)하기 위해 충족되어야 할 인간의 기본적 욕구 중 하나로 '소속감'을 제시하고 있습니다. 이러한 점에서 '공동체'를 만드는 것은 '메시지' '봉사' '예배라는 핵심 가치로 특징지어지며 이는 '신앙 공동체'를 구축하기 위한 전제 조건으로 볼 수 있습니다. 간단히 말해, 공동체가 있음으로 인해 신앙 공동체가 존재할 수 있게 됩니다(그림 4).

다른 많은 가치를 뒷받침하는 또 하나의 핵심 가치로 '관계성'을 제시할 수 있습니다. 가톨릭 학교 문화가 '관계의 문화'[그림 5]라면, 관계는 다른 핵심 가치들을 포괄하는 통일된 주제를 제공함으로써 공동체를 위한 전제 조건으로 여겨질 수 있습니다. 무엇보다, 가톨릭 학교의 사람들은 적극적으로 관계를 쌓고 공동체를 구축하며 신앙 공동체를 건설할 수 있습니다.

문화 구축 계획:
사명 선언문 및 다양한 자료를 활용한 핵심 가치와 신념의 식별과 통합

가톨릭 교육 지도자들은 무엇이 고귀한 학교의 핵심 가치인지 확인하기 위해 '영혼 탐색'을 집단적으로 할 필요가 있습니다(Cook, 1999, p.22).

가톨릭 문화의 건축가로서 가톨릭 교육 지도자는 핵심 가치를 파악하여 이를 종교적 사명인 복음적 가치와 명시적으로 연결해야 합니다. 교장은 학교가 신성하게 여기는 것을 명시하는 공식 문서인 학교의 사명 선언문과 학교가 신성하게 여기는 것을 구체적으로 보여 주는 재정 및 자원 배분과 연결하여 이를 수행할 수 있습니다(Cook, 1998, 1999).

학교의 사명 선언문:
정체성, 사명적 영감, 궁극적 목적에 대한 명료화

가톨릭 학교의 사명 선언문은 학교의 정체성, 사명적 영감, 궁극적 목적을 명확히 요약하여 보여 줍니다. 사명 선언문은 학교의 본질을 담고 학교의 일상생활을 안내하는 나침반 역할을 합니다. 학교의 사명 선언문은 조직 전체의 안정성을 이끄는 핵심 요소입니다.

- **정체성**: 가톨릭 학교 사명 선언문은 학교의 목적을 설명하며 학교 공동체를 구분 짓습니다. 또한, 사명 선언문은 학교의 핵심 가치뿐 아니라 타협할 수 없는 사항을 정확히 짚어줍니다.
- **사명적 영감**: 가톨릭 학교의 사명 선언문은 학교의 의미와 목적을 명확하게 표현합니다. 효과적인 사명 선언문은 공동체가 소중히 여기는 이상을 추구하도록 흥미를 유발하고 열정을 불러일으키며 헌신하도록 활력을 불어넣습니다. 동시에 사명 선언문은 안정성과 연속성을 제공하며 공동체에 확신을 줍니다.
- **궁극적 목적**: 사명 선언문은 학교의 목표를 제시합니다. 이는 학교 공동체가 나아가야 할 방향에 대한 비전을 제시합니다. 학교는 사명 선언문을 통해 이루어지는 결정, 대처, 행동, 활동들 안에서 일관성을 유지할 수 있습니다.

정체성, 사명적 영감, 궁극적 목적은 문화에 뿌리를 두고 있으며 학교의 사명 선언문에 통합되어야 합니다. 애리조나 투손에 위치한 성 하비에르(San. Xavier Mission) 미션 스쿨의 사명 선언문은 이 학교를 설립한 에우세비오 키노(Eusebio Kino) 신부 시절에서부터 그리스도교 정신과 가톨릭 신앙 여러분 학교의 사명 선언문을 읽고, 아래 질문들 가운데 선언문에서 언급하는 것들에 대해서 체크 표시해 보세요.

_____ 우리는 누구입니까?
_____ 우리가 존재하는 이유는 무엇입니까?
_____ 우리는 얼마나 특별한 존재입니까?
_____ 우리가 하는 것은 무엇입니까?
_____ 우리가 봉사하는 이들은 누구입니까?
_____ 우리에게 영감을 주는 것은 무엇입니까?
_____ 우리가 되고자 하는 이는 누구입니까?
_____ 우리가 나타내는 것은 무엇입니까?

여러분 학교의 사명 선언문이 언급하는 것은

_____ 하느님에 관해?
_____ 예수님에 관해?
_____ 교회에 대해?
_____ 여러분 학교의 사명 선언문에 '가톨릭'이라는 단어가 등장합니까?
_____ 여러분 학교의 사명 선언문은 가톨릭 학교로써 공립학교나 사립학교 혹은 타종파 학교와 뚜렷이 구분되고 있습니까?
_____ 학생이나 교직원이 사명 선언문을 바꾸어서 말하거나 낭독할 수 있습니까?

표시한 부분을 다시 확인하여, 사명 선언문이 실질적으로 전달하려는 메시지를 구체적으로 적어 보세요.

____
____

을 키워 온 토호노 오오담(the tohono O'odham) 족의 신앙을 바탕으로 만들어졌습니다. 마찬가지로 미네소타 레드 레이크에 있는 성 마리아(St. Mary) 미션 스쿨의 사명 선언문은 오지브웨(Ojibwe) 문화에 뿌리를 두고 있습니다. 오지브웨 문화가 반영된 성 마리아 학교에 나타나는 한 가지 가치는, 갈등이 발생했을 때 서로 눈을 맞대고 대화하며 비폭력적으로 갈등을 해결하려는 노력을 지속적으로 기울이는 것입니다.

따라서 가톨릭 학교의 사명 선언문은 학교 공동체가 하는 모든 일을 규정하고, 영감을 주며, 안내하는 역할을 합니다. 사명 선언문에 표현된 가톨릭 학교의 정체성, 사명적 영감, 궁극적 목적은 그리스도와 복음으로 분명하게 연결되어야 합니다(National Conference of Catholic Bishops, 1972, n.155).

사명 선언문이 학교 교육 기관을 올바로 안내한다면 학습 활동과 그에 대한 결과는 매우 달라질 것입니다(그림 8).

〔그림 8〕
사명 선언문의 비교

오하이오의 데이턴(Dayton) **공립학교**: 데이턴 공립학교 사명은 공동체를 변화시키는 주체로서, 각 개인의 고유한 잠재력을 실현하는 독립적인 경쟁 교육 서비스 네트워크를 통해 모든 학생이 100% 성공하도록 보장하는 것입니다(Cook, 1990, p.184).

아이오와의 디모인(Des Moines) **가톨릭 학교**: 디모인 교구의 가톨릭 학교 사명은 신앙, 공동체, 기도와 봉사의 복음적 가치를 통합적으로 증진시키는 환경에서 어린이·청소년에게 의미 있는 교육 경험을 제공하는 것입니다(1999년 8월 26일, 가톨릭 학교 책임자 L. Gubbels).

그러나, 안타깝게도 일부 가톨릭 학교의 사명 선언문은 평이하고 모호하며 소극적입니다. 리트머스 시험[1]처럼 사람들이 사명 선언문을 읽고 학교가 가톨릭 학교라는 것을 알 수 있는가에 대한 점이 바로 가톨릭 학교의 사명 선언문의 현실을 말해 주고 있기 때문입니다.

사명 선언문의 게시

사명 선언문이 학교 문화 건설의 핵심적 역할을 한다면 기회가 있을 때마다 이를 보여줄 필요가 있습니다. 애리조나 투손에 위치한 성 시릴(St. Cyril) 학교에서는 학교 사무실 벽에 사명 선언문을 붙여 모든 학생이 읽을 수 있도록 하고 있습니다. 사명 선언문은 교사의 핸드북뿐만 아니라, 학부모와 학생의 핸드북에도 인쇄되어 있습니다. 또한 학교에 관심이 있는 가족을 위한 연례 방문의 날에 사명 선언문에 대해 이야기합니다. 사명 선언문의 실행에 대해서는 학기 초 신학기 학부모 회의에서 설명됩니다. 가톨릭 학교 주간에는 교장이 본당 주보에 사명 선언문을 게재합니다. 그리고 사명 선언문은 학교 주일 미사 때마다 발표됩니다. 교사들은 교실에 사명 선언문을 게시하고 매년 학생들에게 사명 선언문을 가르칩니다. 교장은 학교 이사회 구성을 위한 오리엔테이션 프로그램에서 사명 선언문을 설명합니다. 마지막으로, 새로운 프로그램이나 활동을 고려할 때마다 사명 선언문을 평가 기준으로 삼습니다.

통합적인 사명 선언문

그러나, 사명 선언문을 작성하고 게시하는 것만으로는 충분하지 않습니다. 사명 선언문은 수업과 활동으로 이루어진 교육과정에 활기를 불어넣고 교육적 의사 결정을 이끌어 내야 합니다. 모든 가톨릭 학교의 궁극적인 목표는 위기 대응 중심이 아닌 사명 중심이 되어야 합니다. 주입, 스며듦, 내재화와 같은 용어들은 수준이나 정도 그리고 단계에 따라 통합이 이루어지고 있다는 것을 가리킵니다.

- ***지속적인 언급***

가톨릭 문화의 건축가로서 가톨릭 교육 지도자는 핵심 가치와 사명 선언문을 학교 공동체에 강조할 의무가 있습니다. 사명 선언문에 주의를 환기시키는 한 가지 방법은 기도와 연설에서 이를 언급하는 것입니다.

켄터키 루이빌에 있는 성 라파엘(St. Raphael) 학교의 교장은 학교 공동체가 사명을 마음 깊이 새기도록 교직원 회의가 시작될 때마다 기도문에 사명 선언문을 포함시켜 낭독합니다.

오하이오 콜럼버스에 있는 예수 탄생(Nativity) 학교의 사명 선언문에는 "복음에 뿌리를 두며 글로벌 관점을 지닌 풍요로운 예술로 다져진 학업 교육 프로그램을 제공합니다"라고 적혀 있습니다. 이 학교의 교장은 학업, 글로벌 교육, 예술, 종교 교육 및 봉사의 영역으로 구성된 네 가지 제목을 활용하여 학교 위원회, 본당 위원회, 교직원 회의에 발표할 보고서나 발표 주제에 관한 개요를 작성합니다.

앨라배마 다프네에 있는 그리스도 왕(Christ the King) 학교에서는 학교 사명 선언문을 교장만이 언급하는 것이 아닙니다. "우리 학교의 사명 선언문에는 학교의 존재 이유가 간추려져 있으며 교직원과 학생 모두가 이를 외우고 있습니다. 학생들은 그것을 암송할 수 있을 뿐만 아니라 그것이 의미하는 바를 설명할 수 있습니다"(1997년 1월, M. Nolan).

• *주제들*

많은 가톨릭 교육 지도자들은 특정 기간 동안 개별 프로젝트 또는 모든 학교 활동의 주제로 핵심 가치와 이념을 사용합니다. [그림 9]는 사명의 통합에 대한 주제별 접근 방식을 보여 줍니다.

• *사명 선언문을 위한 세부 과정*

사명의 통합에 대한 또 다른 접근은 사명 선언문에 대한 연구를 종교 교육과정의 개별 단위로 만드는 것입니다. 루이지애나 뉴올리언스에 있는 마운트 카르멜(Mt. Carmel) 아카데미에서는 학생들이 9학년 종교 단원에서 학교의 목적과 사명에 대해 설명합니다. "우리는 여전히 다른 활동과 통합하기 위해 노력합니다. 우리가 사명 선언과 관련한 촌극을 공연할 때 가톨릭 교육자로서 선생님들이 관심을 가지고 함께 참여하길 바랍니다. 바로 이러한 행동을 통해 선생님들이 사명 선언문을 교육과정에서 더욱 적극적으로 통합해 나갈 수 있을 것이기 때문입니다"(1997년 1월, C.A. Campbell).

• *규율*

앨라배마 다프네에 있는 그리스도 왕 학교의 사명 선언문은 학생 규칙의 기준이 됩니다. "우리 교원들은 사명 선언문의 중요성을 매우 잘 알고 있으며 우리 삶의 모든 영

사명 선언문을 삶에 통합할 수 있는 방법을 세 가지로 적어 보세요.

1. ____________________
2. ____________________
3. ____________________

학교의 사명이나 사명 선언문을 삶에 통합할 수 있는 세 가지 방식을 나열해 보세요.

1. ____________________
2. ____________________
3. ____________________

[그림 9]
통합적 사명을 위한 주제별 접근

네바다 리노의 성 알버트 그레이트 가톨릭 학교
(St. Albert the Great Catholic School)

성 알버트 학교는 교직원들이 한 해를 위한 '주제'를 선정합니다. 이 주제는 사명 선언문을 따르며 학교 안팎의 일상생활 전반에 적용됩니다. 주제와 연관되는 올해의 단어는 학교와 교실뿐 아니라, 소식지, 홍보물, 학교와 본당의 눈에 잘 띄는 곳들에 게시됩니다. 연간 주제는 월별 단어로 세분화됩니다.

어느 해의 주제는 '그리스도인'(Christian)이었습니다.

그리스도처럼(**C**hristiike)	영감을 주는(**I**nspirational)	청렴한(**I**ntegrity)
겸손한(**H**umble)	성실한(**S**incere)	예의 바른(**A**ttitude)
책임 있는(**R**esponsible)	신뢰할 수 있는(**T**rustworty)	친절하게(**N**eighborly)

9월의 단어는 '그리스도를 닮은' 이었습니다. 9월 한 달 동안 교사들은 '그리스도를 닮은' 에 대한 정의를 논의하고 '그리스도와 닮은' 행위들을 구체적으로 살펴보았습니다. 그런 다음 각 학년은 한 달 동안 다양한 방식으로 이 말씀과 행동을 적용해 나갔습니다.

매일 아침 학교 공동체가 모이면 한 학생이 전날에 관찰했던 '그리스도와 닮은' 행동에 대해 나누었습니다. 이러한 방식은 매달 새로운 단어가 나올 때마다 계속되었고, 단어에 대한 정의와 학교 공동체 구성원 각자가 일상생활에 적용할 수 있는 행동으로 시작되었습니다.

매월 있는 학부모와 교사를 위한 회의에서는 각 학년이 돌아가면서 그달의 단어를 활용하여 짧은 촌극, 노래, 시 등을 발표하였습니다. 이를 통해 학생들은 자신이 배우고 일상생활에 적용하는 내용을 가족들에게 보여 줄 수 있는 기회를 가졌습니다.

매월 첫째 주 수요일에는 '우등생을 위한 모임'이 열렸습니다. 이 모임에서는 각 학년마다 동료들의 투표로 선정된 그리스도적 품성을 지닌 두 명의 학생에게 상을 수여했습니다. 학생들은 졸업 앨범을 위한 사진을 촬영하고 드레스 무료 이용권, 지역 레스토랑을 이용할 수 있는 무료 저녁 식사권 그리고 '우수'라고 적힌 교복을 장식하는 핀을 받습니다.

역에서 이를 참고합니다. 저는 어떤 규칙과 관련한 문제에 직면할 때마다 "예수 그리스도께도 그렇게 할 것입니까?"라고 묻습니다. 학생들은 대개 잠시 멈춰서 생각한 후 "아니오"라고 대답합니다. 저는 학생들에게 자주 사명 선언문을 자신의 말로 써 보고 일상적인 행동에서 어떻게 실천할 수 있는지 말해 달라고 요청합니다"(1997년 1월, M. Nolan).

결과에 대한 후속 문서 작성

사명 통합과 함께 학교의 사명 선언문에 명시된 핵심 가치와 신념을 자세히 설명하는 후속 문서를 작성하는 것은 중요한 일입니다. 일부 학교 공동체는 전형적으로 졸업생이 갖춰야 할 태도와 행동의 관점에서 핵심 가치를 바라봅니다. 네브래스카 오마하에 있는 크레이튼 프렙(Creighton Prep)과 같은 예수회 학교는 예수회 중등 교육협회에서 발행한 '예수회 고등학교 졸업생 분석표'를 기준으로 삼고 있습니다(연구 개발 위원회, 1981/1994). 네브라스카 오마하의 브 제이와 안젤라 스커트(V. J & Angela Scutt) 가톨릭 고등학교의 교육과정 위원회도 '졸업 결과'라는 문서를 작성했습니다. 캐나다 온타리오의 가톨릭 교육 연구소에서는 '온타리오 가톨릭 학교 졸업생에 대한 기대치'를 공식화하기 위해 시스템 전반을 활용하였습니다.

캘리포니아 샌프란시스코에 있는 성 가브리엘(St. Gabriel) 학교의 교장은 "우리는 사명 선언문이 학교 프로그램에 반영되는 실질적인 방법을 설명하는 책자를 제작했다"라며 이와 같은 방법을 제안하였습니다. 이 선언문은 문장 하나 하나를 분석하고 적용했습니다. 우리는 이 책자를 학부모, 본당 공동체, 학교 방문객, 친구들에게 배포하였습니다. 이 책자는 사명 선언문에 대한 관심을 유도하고 학교생활의 모든 측면을 사명 선언문과 통합하는 방법을 제시하는 데 매우 유용했습니다"(1997년 1월, M.P. Borghello).

사명 선언문에 따른 사명에 대한 점검

학교의 사명 선언문에 비추어 학교 프로그램이나 활동, 방향 혹은 현안들을 평가했던 최근 상황에 대해 설명해 보세요.

____
____
____
____

사명에 비추어 결정해야 한다고 생각하는 학교의 현안은 무엇인가요?

____
____

이 문제가 학교의 사명에 따라 결정되도록 취할 수 있는 조치에 대해 적어보세요.

1. ____________________
2. ____________________
3. ____________________

안타깝게도 많은 학교 공동체는 목표 설정 단계에서는 열성적이지만 자기 평가 시간이 오면 지칠 때가 많습니다. 이러한 인간적·제도적 한계를 줄이기 위해 가톨릭 교육 지도자가 할 수 있는 것은 무엇일까요?

많은 학교에는 사명의 눈으로 학교 프로그램과 방향을 평가하는 학교 이사회 상임위원회가 있습니다. 일리노이 브리즈에 있는 마테르 데이(Mater Dei) 고등학교에는 사명 효과성 위원회가 있습니다. 학교 공동체가 사명을 얼마나 잘 이행하는지 평가를 담당하는 이 위원회는 한 해의 구체적인 목표를 설정하고 각 목표를 어느 정도 달성했는지 지속적으로 평가합니다.

많은 가톨릭 교육 지도자들은 사명 선언문에 대한 성찰이 교육적 의사 결정의 연속적 과정이라고 말합니다. 웨스트버지니아 파커스버그에 있는 파커스버그(Parkersburg) 가톨릭 고등학교의 교장은 이에 대해 다음과 같이 설명합니다: "복음서에는 신체적·정신적 문제를 가진 사람들이 예수님께 도움을 구하고, 예수님께서 이에 대해 따뜻하고 사랑스러운 방식으로 응답하는 아름다운 이야기들이 많이 나옵니다. 1991년 파커스버그 가톨릭 고등학교는 이 메시지를 적극적으로 받아들이지 않고는 우리 학교의 사명이 완성될 수 없다는 것을 인식했습니다. 그래서 교실에서 모든 학생을 포용하기 위한 '필요한 이에 대한 특별 도움 제공' 프로그램을 개발하여 시작하였습니다. 상당한 예산과 보조금, 자발적인 노력을 통해 현재 30명 이상의 학생이 이 프로그램에 등록되어 있습니다. 이 학교는 장애인도 이용할 수 있으며, 예수님이 사랑하고 치유했던 특별한 사람들을 위한 자원봉사 시간에 많이 할애하고 있습니다. 학교는 예산 지출과 실제 경험을 통해 종교적 사명을 강화하고 학교 공동체 전체의 영적 수준을 높였습니다"(1997년 1월, M.R. Hattman).

학교의 종교적 사명을 위한 자원 보장

"말로만 그러지 말고 행동으로 보여 줘"라는 말은 사람들이 말을 효과적인 행동으로 옮기고자 할 때 요구받는 본질적인 도전입니다.

Maehr와 Buck(1993)은 학교 문화를 평가하고 변화시키는 방법에 대해 논의하면서 자원 배분이 학교의 가치를 어떻게 나타내는지 알게 되었습니다. 이를 간결하게 표현하면, "예산은 목표를 반영하고 지출은 가치를 반영합니다"(p.49). 이들은 학교 공동체가 실제로 무엇을 중요하게 여기는지 드러내는 것은 사명 선언문이 아니라 자원 배분이라고 이해하였습니다. "학생과 교사들은 특히 대부분의 학교가 제한된 예산으로 운영되기 때문에 자원이 어떻게 할당되는지에 민감하며, 자원 배분 방식을 통해 학교에 가치가 있는 것과 가치가 없는 것을 이해하게 됩니다"(p.50).

가톨릭 문화의 건축가로서 가톨릭 교육 지도자들에게 '결론'이 되는 질문은 학교의 예산 가운데 학교의 종교적 사명을 실행하는 프로그램에 투자되는 비율에 초점을 맞추는 것입니다. 이와 관련하여 O'Malley(1991)는 "피정 예산이 체육 경기의 예산만큼 큰가요?"(p.8)라는 직접적인 물음을 던집니다. 네브래스카주 오마하의 크레이튼 프렙은 최근 다년간에 걸쳐 학교의 기금 마련 캠페인에서 '예수회 정체성'을 캠페인의 핵심 전략 중 하나로 정했습니다. 그리고 학교 지도자들은 기금의 일부를 학교의 종교적 사명을 지원하는 프로그램에 할당했습니다.

Maehr와 Buck은 자원을 돈과 동일시하지만, 자원의 정의는 다양하게 구분됩니다. 특히, 미국 가톨릭 주교회의가 자원의 관리에 대해 "시간, 재능, 금전"(National Conference of Catholic Bishops, 1993, p.45)의 관점에서 이야기하고 있다는 점을 고려한다면 더욱 그렇습니다. 이러한 점에서 가톨릭 학교에서 고려되는 자원은 재정뿐만 아니라 인력, 공간, 시간, 에너지를 포함합니다.

학교 예산이 할당하는 비율에 대해 확인해 보세요.

____ % 학문 분야
____ % 체육
____ % 전례와 피정
100 %

학교의 예산 편성 순위가 시사하는 바는 무엇인가요?

____
____
____
____

학교의 사명과 예산 순위 사이의 불균형을 어떻게 해소할 수 있는지 제안해 보세요.

1. ____________________
2. ____________________
3. ____________________

- ***인적 자원***

가톨릭 학교에는 학교의 종교적 사명을 수행할 수 있는 인력이 있어야 합니다. 종교 교사를 예로 들어 보겠습니다. 가톨릭 학교장이 일반 과목을 가르치는 데 자격증이 없는 교사를 고용하는 경우는 드물지만, 종교 교사가 적절한 교육적 배경을 지니고 있는지 혹은 해당 분야에서 충분한 훈련을 받았는지 의심하는 것은 충분한 이유가 있습니다. 실제 초등학교 종교 교사의 5분의 1이 종교를 가르칠 수 있는 공식 자격증이 없으며, 다른 5분의 1은 현재 교육과정에 등록하여 훈련 과정에 있습니다(Galetto, 1996). 중등학교도 비슷한 상황이라는 증거가 있습니다.

자격을 갖춘 종교 교사 외에도 학교의 종교적 사명의 일부분을 실행하고 책임지는 직원이 추가로 필요할 수 있습니다. 예를 들어, 캠퍼스에는 교목을 담당하는 직원이 점점 더 보편화되고 있습니다. 이들은 전일제 종교 교사가 신경 쓰기 어려운 전례 시기에 따른 계획이나 학생 및 교직원 피정을 준비하는 업무를 수행합니다. 그러나 신자 학생들을 위해 정교하고 폭넓은 프로그램을 제공하는 학교에서는 전임자들이 이에 관여합니다.

소수의 가톨릭 고등학교에서는 종교적 사명을 보다 신중하고 체계적인 방식으로 수행할 목적으로, 관리 직책을 2단계로 만들었습니다. 오하이오주 로키 리버에 있는 마니피캇(Magnificat) 고등학교는 '사명의 효과성'(Mission Effectiveness) 부서의 책임자가 이 역할을 수행합니다. 교장의 책임하에 담당자는 가톨릭 학교의 철학과 사명의 가치를 증진시키고, 학교 공동체의 모든 구성원이 사명의 필수 요소를 알고 각자의 영역에서 사명을 명확히 표현할 수 있게 하는 목표를 설정합니다. 또한 학교 행정팀의 일원인 담당자는 매년 교직원, 학생, 학부모, 동문과 함께 사명의 효과를 평가합니다. 마지막으로, 책임자는 새로운 교직원들에게 마니피캇 고등학교와 겸손한 마리아의 수녀회(the Sisters of the Humility) 공동체의 역사와 유산에 대해 교육합니다.

- ***시간***

시간은 귀중한 재화이며 학교에서의 시간 쟁탈전은 학교의 역사만큼이나 오래되었습니다. 하지만 학교가 교실 안팎에서 새로운 서비스를 제공해야 하는 상황이 되면서 이해관계가 얽힌 경쟁이 폭발적으로 증가했습니다. 특히, 학교의 종교적 차원을 고려할 때 가톨릭 학교에서는 이 문제가 더욱 두드러집니다. 종교 교육을 위해 최소한의 시간을 할애해야 합니다. 종교 교육에 할애하는 시간에 대한 결정은 종교 교육이 학문적 과목으로서만이 아니라 학교의 더 큰 목적에 비추어 어떻게 가치가 있는지를 구체적으로 전달해야 합니다.

핵심 가치에 따라 학교 공동체는 학교 전례나 학생 및 교직원 피정과 같은 여러 종교 활동에도 시간을 사용할 수 있습니다. 평일 미사는 어떤 학교에서는 받아들여질 수 있지만 다른 학교에서는 받아들여지지 않을 수도 있습니다. 네브래스카 오마하의 머시(Mercy) 고등학교의 경우는 매월 정기적으로 진행되는 전례 외에도, 교장이 미사를 위해 매주 어떤 수업 시간을 별도로 배정하며, 학생들이 선택적으로 참여하게 합니다. 보통 3분의 2가량의 학생이 이 미사에 참석하고 나머지 학생들은 자습실로 이동합니다. 수업 시간을 학생 피정을 위해 활용하는 것은 논쟁의 대상이 될 수 있습니다. 그러나 대부분의 경우는 피정 자체보다는 피정에 대한 일정이 문제인 경우가 많습니다. 혼란을 최소화하는 방식으로 일정을 잡는 것이 학업 문제와 연결된 피정 프로그램의 위상을 간직하는 유일한 해결책일 수 있습니다.

캘리포니아 샌프란시스코에 있는 성 스테판(St. Stephen) 학교의 교장은 특히 교직원 피정을 위해 따로 시간을 마련하는 것을 중요하게 여깁니다. "매년 학사 일정을 계획할 때 교직원들이 함께 모여 기도할 수 있도록 교직원의 날을 따로 정합니다. 매년 봄 교사와 교직원들은 학교에서 '벗어나' 하루를 보내며 하느님과 그리고 서로 간에 더 깊은 관계를 맺도록 초대받습니다. 이날은 교직원들의 필요와 욕구에 대한 의견을 수렴하여 매년 다른 형태로 진행되며, 특별한 시간이 되도록 구상합니다. 이를 위해, 영감을 줄 수 있는 장소를 확보하고 모두가 함께 모여 대화하고 조용히 기도하는 시간을 가지며 전례를 거행합니다. 이날에는 항상 교사와 직원이 함께 나눌 수 있는 식사도 제공됩니다"(1997년 1월, P. Simms).

효과적인 신앙 양성 프로그램은 그에 따른 적합한 직원이 필요합니다. 다음 중 효과적인 신앙 양성 프로그램을 위해 필요한 학교 교직원은 누구인지 체크 표시해 보세요.

____ 종교 교사
____ 교목 사제 혹은 수녀
____ 그리스도인 봉사의 조정자
____ '사명의 효과성' 부서의 담당자

기타
____ ____________
____ ____________
____ ____________
____ ____________

- ***에너지***

시간과 밀접한 관련이 있는 것이 에너지입니다. 인간이나 인간의 조직 둘 다 모든 것에 동일한 에너지를 투입할 수는 없습니다. 인간의 에너지가 유한한 자원이라는 점을 고려할 때, 학교가 에너지를 어디에 집중할 것인지에 대한 선택은 가치 체계에서 드러납니다. 지도자의 인격과 권위는 조직의 우선순위에 영향을 미치기 때문에, 가톨릭 교육 지도자는 인간의 에너지가 현명하게 쓰일 수 있도록 학교 공동체 안에서 종교적 사명을 지켜야 할 의무가 있습니다.

가톨릭 교육 지도자들이 인간의 에너지를 종교적 사명을 위해 사용할 수 있는 방식이 몇 가지 있습니다. 예를 들어, 앨라배마 모바일의 성 이냐시오(St. Ignatius) 학교는 장기 전략 계획의 정점으로 이틀간 공동체 구성원 200여 명이 참여하는 모임을 열었습니다. 9개 연구 분야 중 하나는 학교의 영적 생활이었습니다. 이 모임은 종교 교육의 학문적 탁월성 보장, 종교 교육에 대한 학부모 참여 장려, 교사를 위한 신학의 심화 과정 제공, 공동체 전체의 영성 향상이라는 네 가지 목표를 세웠습니다. 또한 이 모임은 전례, 교육과정, 성사 준비, 지역사회 봉사, 영적 및 도덕적 개발, 직원

학교 예산 및 이에 대한 전략적 계획을 검토해 보세요.

학교의 종교적 사명에 우선권을 두는 예산 항목에 체크 표시해 보세요.

_____ 직원 배치
_____ 피정
_____ 전례 혹은 미사
_____ 교직원 신앙 양성

기타
_____ _____________
_____ _____________
_____ _____________
_____ _____________

학교의 종교적 사명에 우선순위를 가리키는 전략 계획에 대해 체크 표시해 보세요.

_____ 학교 성당 건축
_____ 교목 신부 배치

기타
_____ _____________
_____ _____________

이러한 우선순위에 따라, 학교의 종교적 사명을 위한 자원을 적절하게 보장할 수 있는 방법을 제시해 보세요.

1. _______________
2. _______________
3. _______________

교육과 양성, 학생 사도직 등 7가지를 우선적으로 정리하였습니다. 이러한 순위를 바탕으로 모임은 16개의 하위 목표를 수립했습니다.

아이오와 웨스트 디모인 소재의 성심(Sacred Heart) 학교에서는 교사팀이 교장을 도와 교직원 개발 프로그램을 기획하고 있습니다. 한 해에는 이 팀이 성체성사에 초점을 맞추었습니다. 본당 종교 교육 책임자는 종교 교사들과 격월로 모임을 가졌습니다. 또한 본당 사제는 재직 중 전체 교직원을 성체 분배자로 훈련시키며 교직원 발전을 지원했습니다. 이에 대해 교장은 "우리는 성심 학교의 모든 사람이 수업에서 실제 가르치든 가르치지 않든 종교 교사라고 믿습니다. 교직원을 위한 지속적인 신앙 양성은 교직원 개발팀의 최우선 과제입니다"(1997년 1월, A. Westerhaus).

• 공간

공간이 할당되는 방식은 가톨릭 학교가 무엇을 지향하는지에 대한 메시지를 전달합니다. 학교의 성스러운 공간이 실험실이나 스포츠 시설과 비교되는 방식은 우선순위를 반영합니다. 교실의 두 배 크기나 되는 가끔씩 사용하는 성당은 학교가 지닌 가치에 대한 우선순위를 보여 주고 있습니다.

학교에서 성당이나 교목실의 위치는 의도하든 아니든 메시지를 전달합니다. 네브래스카 오마하의 크레이튼 프렙 학교는 최근 본관 건축 프로젝트에서 교목실 이전을 우선순위에 두었습니다. "1991년에 230만 달러 규모의 학생 공용 건물을 지을 때, 학교의 사명에 따라 건물의 우선순위를 정하였습니다. 궁극적으로 자원의 사용은 기관의 가치를 전달하기 때문에 우리는 메시지를 명확하게 전달하고 싶었습니다. 따라서 학생 공용 건물을 구축할 때 캠퍼스 교목실을 학생들의 활동이 주로 이루어지는 곳에 배치하기로 결정했습니다. 학생들의 영적 발전은 예수회 정체성의 핵심이기 때문에 새 건물의 배치를 통해 이러한 우선순위가 분명하게 드러나기를 원했습니다. 이제 모든 학생은 하루에도 몇 번씩 학교의 영성 센터를 지나갑니다. 의식적으로 반복시키는 이 미묘한 자극을 통해 학생들이 자신의 삶에서 신앙의 중요성을 이해하는 데 도움이 되기를 바랍니다. 캠퍼스 교목실의 위치 덕분에 학생들은 교목실이 주도하는 전례, 봉사, 피정의 기회에 더 쉽게 참여할 수 있습니다. 결국, 건축 공간에 대한 우선적 배치는 예수회 학교로서의 정체성을 유지하는 데 도움이 되었습니다"(1997년 7월, D.J. Fraynd).

루이지애나 뉴올리언스의 마운트 카르멜 아카데미의 교장은 어떤 공간도 성스러운 공간으로 탈바꿈할 수 있다고 강조합니다. "우리 학교의 성당은 아직 완성되지 않았지만 얼마 남지 않아 완공될 것입니다. 그동안 마운트 카르멜 아카데미의 신앙 공동체는 학교의 모든 공간에 영적인 환경을 조성할 정도로 강해졌습니다. 체육관이던 공간이 어떤 날은 미사 장소가 되기도 합니다. 연극 무대를 위한 공연 예술 센터가 다음날에는 십자가의 길과 기도 예배를 위한 장소가 되기도 합니다. 성당이 새롭게 완공되면 멋지겠지만, 성스러운 공간으로 조성된 캠퍼스 전체에 공간이 하나 더 추가될 뿐입니다. 우리는 마운트 카르멜 아카데미에서 경험하는 모든 것이 분명한 하느님의 힘으로 느낄 수 있도록 노력합니다"(19971년 1월, C.A. Campbell).

재정, 인력, 시간, 공간, 에너지의 상호 작용

돈, 인력, 시간, 공간, 에너지는 유한한 재원이므로 반드시 선택이 필요합니다. 가톨릭 문화의 건축가로서 가톨릭 교육 지도자는 자원을 배분할 때 학교의 종교적 사명과 핵심 가치를 고려하여 학교 자원에 대한 수석 청지기의 역할을 수행해야 합니다. 나아가, 가톨릭 교육 지도자는 학교 공동체의 관심과 필요를 공감하고 공동체의 분위기를 고려하여 전략적 계획을 수립하고 예산 배분에서 종교적 사명을 우선순위에 두어야 한다는 점을 학교 공동체에 교육할 의무가 있습니다.

학교의 예산과 관련하여 현실적 문제에 직면했을 때, 일부 교장들은 학교의 가치를 평가하는 것은 궁극적으로 돈이라고 주장합니다. 그러나 돈은 결론이 아닙니다. 대신 선택과 각 선택에 구현된 가치가 최종 결과를 제공합니다. 이는 가톨릭 교육 지도자가 의사 결정에서 중추적인 역할을 한다는 점에서 중요한 의미를 갖습니다. 이러한 경우는 가톨릭 교육 지도자가 학교의 종교적 사명을 증진하기 위해 자원을 분배할지 여부와 어느 정도까지 노력할지에 초점을 맞추고 있습니다.

소 결 론

핵심 가치와 신념은 한 집단이 공통적으로 가지고 있는 소중한 이상을 의미합니다. 이는 집단의 정체성과 의미를 제공합니다. 핵심 가치와 신념은 문화 건축의 기본 요소입니다. 문화는 집단의 이상과 목적에 대한 응집력과 헌신의 정도에 따라 강해지기 때문입니다.

가톨릭 학교는 교회의 교육적 사명을 표현하는 곳입니다. 따라서 가톨릭 교육 지도자는 가톨릭의 핵심 신념과 복음적 가치 그리고 수도회의 카리스마가 가톨릭 학교 생활 방식의 토대가 될 수 있도록 해야 합니다.

가톨릭 문화의 건축가로서 가톨릭 교육 지도자는 학교의 사명 선언문을 홍보하고, 지속적으로 참고하며, 모든 학교 활동과 의사 결정에서 이를 통합해 나가야 합니다. 또한, 사명 선언문에 포함된 핵심 신념과 가치에 비추어 프로그램과 학교의 생활 방식을 평가함으로써 학교의 사명 선언문을 강조해야 합니다. 한정된 재정 자원의 청지기인 가톨릭 교육 지도자들은 자원의 배분이 학교의 종교적 사명을 드러내는 최우선적인 방법임을 알아야 합니다.

제 4 장

영웅과 주인공의 이야기

● 가톨릭 문화 건축의 위인들

개인은 말과 행동을 통해 집단의 핵심 가치를 모범적으로 보여 줄 수 있습니다. 이는 Deal과 Kennedy가 "옳은 것"(1982, p.37)이라고 부르는 개인의 자질과 같은 성격적 특성으로 표현될 수 있습니다. 이러한 핵심 가치는 집단의 가치를 반영하는 개인의 성과물에서도 입증될 수 있습니다.

살아 있거나 고인이 된 많은 모범적인 사람들은 소중한 역할을 수행합니다. 다른 사람들이 공감하거나 동일시하려는 대상인 위인들은 한 문화의 좋은 점을 대표하며 모범적인 시민이 되기 위해 필요한 것이 무엇인지 보여 줍니다. 모범을 보인 위인들의 삶은 높은 기준을 제시하며 다른 사람들이 그 기준에 도달하도록 만듭니다. 그래서 그들은 다른 사람들이 본받을 수 있는 역할 모델입니다.

가톨릭 문화

가톨릭 위인들의 판테온[2]은 그리스도인의 미덕과 그리스도를 닮은 행동의 모범으로 가득 차 있습니다. 성인들(saints)의 삶은 실제보다 더 크게 비추어지지만, 대부분은 비범한 삶을 살았던 평범한 사람들이었습니다. 성인들은 다양한 환경과 삶의 경험을 통해 등장하기 때문에 모든 가톨릭 신자가 공감하거나 공감할 수 있는 성인이 있습니다. 아우구스티노, 아시시의 프란치스코, 베네딕토, 시에나의 카타리나, 로욜라의 이냐시오, 존 뉴먼, 엘리자베스 앤 씨튼, 폴 미키, 마리아 고레티, 성 요한 바티스트 드 라살, 도미니코 사비오 등 다양한 연령과 계층에서 등장하는 이들은 각자의 삶의 이야기가 있습니다. 뿐만 아니라, 도로시 데이, 마더 테레사, 카테리 테카위타, 캐서린 맥컬리, 오스카 로메로, 교황 요한 23세, 교황 요한 바오로 2세 등 그리스도인 삶의 모범이 된 20세기 성인들도 계속해서 등장합니다.

학교 문화

학교에는 본받을 가치를 지닌 선생님이 있으며, 학교의 이상을 구현한 위대한 설립자나 위인의 이름을 딴 교실, 건물이 있습니다. 그리고 어린 학생들은 일반적으로 고학년 학생들을 존경합니다.

학교가 누구에게, 무엇을 수여하고 포상하는지는 학교의 가치를 드러내는 분명한 상징적 행위가 됩니다. 보상의 일반적인 형태에는 우등생 명단, 금주의 학생, 운동 대표팀의 편지, 졸업 앨범 헌정, 건물이나 시설의 명칭, 교직원 승진, 동문상, '명예의 전당' 등이 있습니다. 졸업식에서 수여되는 상은 학교가 무엇을 중요하게 생각하는지 명확하게 보여 줍니다. 이 상에 대한 선정 기준 및 과정에 대한 설명은 학교의 핵심 가치를 드러냅니다.

가톨릭 학교 문화

오늘날 우리 사회는 유명인에게 어처구니없을 정도의 과도한 지위를 부여하며, 감수성이 예민한 시기에 있는 청소년에게 롤 모델을 제시하며 부정적인 영향을 노출시키고 있습니다. 이러한 점에서 학교는 청소년에게 긍정적인 역할 모델을 장려해야 합니다. 그러나 일반 학교와 달리 가톨릭 교육 지도자들은 의도적인 방식으로 복음의 가치를 구현하는 반문화적인 롤 모델을 제시해야 하는 추가적인 과제를 안고 있습니다.

문화 건축 계획:
복음적 가치와 종교적 사명 실천의 모범이 되는
위인을 영예롭게 하기

가톨릭 학교 지도자들은 학교의 핵심 가치, 특히 복음과 관련된 가치를 구현하는 모범적 사례를 앞장서서 파악해야 합니다. 핵심 가치에 비추어 학교에 있는 영웅이나 주인공을 파악하고 빠르게 평가하는 방법은 "학교에서 누구를 영예롭게 생각하는가?" "학교에서 어떤 보상을 받는가?"라는 두 가지 질문을 고려하는 것입니다.

첫 번째 질문에 대한 답으로 가톨릭 학교 지도자들이 발굴하고, 홍보하고, 축하해야 할 모범들은 많이 있습니다. 이러한 구체적인 사례는 핵심 가치와 종교적 사명을 구현하는 데 도움이 됩니다.

학교에서 제시해야 할 영웅적인 모범은 누구인가?

학교 공동체가 예수님을 영예롭게 하는 방식을 세 가지로 제시해 보세요.

1. ____________________
2. ____________________
3. ____________________

여러분의 학교에서 성모님을 영예롭게 하는 방법에 대해 나누어 보세요.

____
____
____

여러분의 학교 공동체가 예수님과 성모님을 영예롭게 하는 방식 세 가지를 제시해 보세요.

1. ____________________
2. ____________________
3. ____________________

- **예수 그리스도**: 신성과 인성을 모두 갖춘 예수님은 완전한 인간이십니다. 예수님은 지상 생활 동안 기쁨, 고통, 우정, 분노, 사랑, 꺼림, 혼란, 역경, 용기, 유혹 등 인간의 감정을 경험하셨습니다. 예수님의 사명은 하느님과 이웃 그리고 자신을 사랑하는 방법을 말씀과 삶의 모범으로 가르치는 것이었습니다. 완전한 분이신 예수님은 완벽한 영웅이십니다(제2차 바티칸 공의회 문헌, 1965/2008; 가톨릭 교육성성, 1977).
- **마리아**: 원죄 없이 잉태된 마리아의 삶은 흔들림 없는 믿음, 순결, 굳건한 지지, 용기를 보여 줍니다. 두려움과 의심에도 불구하고 마리아는 하느님의 부르심에 "저는 주님의 종입니다. 말씀하신 대로 저에게 이루어지기를 바랍니다"(루카 1,38)라고 응답했습니다. 사랑과 충실함의 모범인 마리아는 하느님의 부르심에 온전히 응답하는 것이 무엇을 의미하는지 보여 주는 본보기입니다.
- **성인들**: 성인(聖人)의 공통점은 인종, 피부색, 직업, 환

경 등의 모든 것을 대표합니다. 가톨릭 교육자에게는 성 요한 바티스트 드 라살과 성 엘리자베스 앤 씨튼이 그 예가 될 수 있습니다. 학생들에게는 성 아녜스(순결, 용기, 침착함), 성 도미니코 사비오(친절, 쾌활함, 순수, 헌신), 성녀 잔 다르크(활력, 대범, 희망, 사명 의식), 성녀 마리아 고레티(정결, 용성, 용맹, 결백), 복자 조르지오 프라사티(헌신, 봉사, 리더십, 열정) 등 영웅적인 덕의 삶을 보여 준 가톨릭 청소년이 해당합니다 (Saints and Feast Days, 1985; Kealey, 1987).

가톨릭 교육 지도자는 여러 가지 방법으로 성인과 종교적 영웅을 롤 모델로 제시할 수 있습니다.

미네소타 미노트에 있는 비숍 라이언(Bishop Ryon) 고등학교에서는 모든 성인의 날을 앞두고 졸업반 학생들이 특정 성인에 대한 보고서를 작성하고 성인의 실제 의상을 준비합니다. 이 학생들은 모든 성인의 날을 위한 입당 전례 행렬에 참여하고, 입당 노래가 끝나자마자 각 '성인'을 소개하며 그 성인이 존경받는 이유를 간략하게 설명합니다. 졸업반 학생들은 전례가 끝나면 두 개의 가톨릭 초등학교로 이동하는데, 어린 학생들은 성인 복장을 한 '큰 형들'을 보며 경외감을 느낍니다.

펜실베이니아 이리에 있는 성 보니파체(St. Boniface) 학교와 성 안드레아(St. Andrew) 학교를 비롯한 다른 학교에서는 큰 단원 차원에서 학생들이 '영웅'에 초점을 맞춘 성인들의 삶을 공부했습니다. 성 보니파체 학교는 1년 내내 이 주제를 사용했습니다. 이 주제에 따라 7학년 학생들은 프로젝트의 일환으로 한 달 동안 종교 및 영어 수업에서 성인들에 학교에서 기념하는 성인이나 종교인 혹은 위인들의 세 이름을 적어 보세요.

1. ______________
2. ______________
3. ______________

이들 성인, 종교인, 위인들이 어떻게 기억되는지 설명해 보세요.

____
____
____

여러분의 학교에서 기념할 수 있는 성인, 종교인, 위인이 있다면 세 명의 이름을 추가로 적어 보세요.

1. ______________
2. ______________
3. ______________

대해 공부했습니다. 성 안드레아 학교에서는 3주간의 강의 주제에 전교생이 참여했습니다. 각 학급은 조사할 영웅을 선택했고, 학생들은 종교 수업에서 성인, 성경의 인물 또는 기타 종교적 영웅에 대해 배웠습니다. 이리 교구 주교는 학기 중간에 아이들과 함께 전례를 거행하며, 학생들이 어떻게 하면 이러한 종교적 영웅이나 성인들과 같이 될 수 있는지를 이야기했습니다. 이리시의 시장도 연설를 통해 참여하였습니다. 그녀는 롤 모델로서 종교적 영웅과 부모의 중요성에 대해 이야기했습니다.

어떤 학교에서는 유명한 축일을 기념합니다. 미네소타 이스트 그랜드 폭스에 있는 예수 성심 고등학교의 학생들은 매년 성 니콜라오 축일을 기념합니다. 한 명의 학생이 복장을 하고 지역 가톨릭 초등학교의 각 교실을 방문합니다. 성 니콜라오는 도우미들이 사탕 지팡이를 나눠주는 동안 자신에 대한 질문에 답합니다.

축일 기념과 관련하여 네브래스카 오마하의 성녀 세실리아(St. Cecilia) 학교의 예를 들어 보겠습니다. 교장은 "도미니칸 유산인 성 도미니코와 성 토마스 아퀴나스의 축일에는 각 어린이에게 도미니코의 성지 카드나 그림, 메달 등을 상징적인 선물을 줍니다. 큰 축일이 다가오면 각 방에서 「어린이용 매일 기도서」를 사용하여 기념합니다"(1997년 1월, B. Pryor).

일부 학교 지도자들은 종교적 인물의 이름을 따서 캠퍼스 상징물이나 건물의 이름을 짓기도 합니다. 로드아일랜드 웨이크필드의 프라우트(Prout) 학교는 세 개의 건물이 연결되는 중앙에 야외 마당이 자리하도록 건축하였습니다. 마당을 새로이 단장할 때는 각 마당을 유럽인인 아시시의 성

프란치스코, 아시아인의 성 바오로 미키, 아메리카 원주민은 복자 카테리 테카위타 등 각기 다른 문화를 대표하는 가톨릭 영웅을 기리도록 만들었습니다. 오늘날, 이 안뜰은 세계 교회의 다문화 유산을 상징하는 것으로 주목받습니다.

지금까지는 가톨릭 영웅에 대해 이야기하였지만, 가톨릭 교육 지도자들은 마틴 루서 킹이나 마하트마 간디와 같은 가톨릭 신자가 아닌 모범 사례에도 주목할 필요가 있습니다.

- **학교의 수호성인이나 영웅**: 대부분의 가톨릭 학교가 성인이나 종교적 인물의 이름을 따서 명명된다는 점을 고려할 때, 이에 관심을 집중하는 것은 특별한 의미가 있습니다. 만일 학교 이름이 지역 주교나 후원자의 이름을 딴 경우, 학교는 그 사람을 롤 모델로 삼아야 합니다. 오늘날 수도 공동체가 설립한 학교에서 수도 공동체의 설립자 축일을 기념하는 것은 당연한 일입니다.

학교를 보호하는 성인이나 인물들을 찾아보세요.

____

학교의 수호성인이나 인물들의 카리스마가 어떻게 복음의 가치를 보여 주는지 나누어 보세요.

____
____
____

학교의 종교적 사명에 비추어 수호성인이나 인물을 기리기 위해 할 수 있는 일이 무엇인지 적어 보세요.

1. ______________________
2. ______________________
3. ______________________

하지만 수호성인의 이름을 따지 않은 가톨릭 학교들도 있습니다. 그런 학교 중 하나인 오클라호마 오클라호마 시티의 비숍 맥기네스(Bishop McGuiness) 고등학교는 다른 방식을 도입하고 있습니다.

이곳의 사목 국장은 학생들이 충만하면서도 성스러운 삶을 살았던 젊은이에게 더 쉽게 공감할 것이라고 믿으며 1995년 학생회에 청소년 수호자를 선출할 것을 제안했습니다. 이에 행정 부서는 학생들이 투표 이전에 배웠던 복자나 성인 가운데 8명의 후보자 명단을 추천하였으며, 학생들은 이들 가운데 한 명에게 투표하였습니다. 추천 후보 중 한 명은 피에르 조르지오 프라사티(Pier Giorgio Frassati)였습니다. 1901년 이탈리아 토리노 인근에서 태어난 그는 가난한 사람들을 위해 일하다가 소아마비에 걸려 1924년에 죽음을 맞이했습니다. 짧은 생애 동안 피에르 조르지오는 열심히 공부하고 가난한 사람들을 위해 많은 시간을 보냈지만, 그 와중에도 그가 가장 좋아했던 등산 등의 운동을 위한 시간을 마련하였습니다. 피에르 조르지오가 학생들의 훌륭한 롤 모델이 될 수 있었던 이유는 대부분의 고등학생처럼 학업이 쉽지 않았음에도 불구하고 학업 성취를 위해 고군분투했던 모습 때문입니다. 하지만 더 중요한 것은 하느님에 대한 헌신, 이웃에 대한 사랑, 살아 있는 신앙이 청소년들에게 훌륭한 본보기가 되었다는 점입니다. 오늘날 비숍 맥기네스 학교 공동체는 기도와 전례를 마무리하는 매 순간 "복자 피에르 조르지오여, 우리를 위해 빌어 주소서. 우리는 어디로 향하는가? 정상을 향하여!"라고 청하며 마무리합니다. 마지막 구절은 조르지오가 산 중턱을 오르는 모습을 찍은 사진에서 유래합니다. 피에르 조르지오는 셔츠 뒷면에 "정상을 향하여"라고 써서 자신을 따르는 사람들을 격려합니다. 이제 학교는 피에르 조르지오가 쓴 이 문구를 모토로 삼고 있습니다.

- **졸업생**(동문): 학생들은 특히 졸업생에게 끌리는데, 그 이유는 공유된 경험에서 비롯된 유대감 때문입니다. 같은 교복을 입고, 같은 책상에 앉아, 같은 선생님께 배웠던 롤 모델은 학생들이 쉽게 공감하게 합니다.

다른 학교에서는 졸업생들을 '살아 있는 성인'으로 영예롭게 대합니다. 버지니아 알렉산드리아에 있는 블레스트 새크라멘트(Blessed Sacrament) 학교의 교장은 학교가 살아 있는 성인들을 어떻게 기억하는지 설명합니다.

블레스트 새크라맨트 학교에서는 매년 가톨릭 학교 주간에 주인공을 초대하여 그들의 '신앙 이야기'와 학교가 어떤 역할을 했는지에 대한 이야기를 듣습니다. 이러한 신앙 이야기는 수년 동안 교직원 모두에게 깊은 영감을 주고 있습니다.

어느 해 초대된 주인공은 학생들에게 7학년 때 자신의 농구팀에 새로 들어온 두 명의 아프리카계 미국인에 대한 이야기를 들려주었습니다. 이 두 소년은 뛰어난 선수였고 팀은 새로운 시즌에 대한 기대에 부풀어 있었습니다. 하지만 첫 경기가 있던 날, 코치는 공립학교 팀과 아직 정리되지 않았기에 이 소년들이 리그에 참가할 수 없다는 소식을 팀에 통보했습니다. 우리의 영웅은 두 명의 흑인 소년이 팀 룸을 떠나 집으로 돌아가는 모습을 지켜보면서 자신이 얼마나 끔찍한 기분이었는지 이야기를 이어 나갔습니다. 그는 그 경험이 자신의 관점을 완전히 바꾸어 놓았으며, 그 해에 팀이 카운티 리그에 출전하지 않기를 바랐다고 성인이 된 후에 말했습니다. 이 겸손한 영웅은 우리에게 정의와 모든 사람에 대한 존중이라는 복음의 소명을 일깨워 주었습니다. 그의 이야기는 우리가 반복해서 계속 들려줄 신앙 이야기입니다.

또 다른 주인공은 1950년대에 자신이 경험했던 학교 활동에 관한 많은 전통에 대해 이야기했습니다. 그녀는 학생들이 이른 아침 미사에 참석하고, 미사가 끝난 후에는 달콤한 롤을 받고, 학교를 설립한 홀리 크로스 수녀회(the Sisters of the Holy Cross)를 상징하는 십자가 하트가 수놓아진 스웨터를 입는 것에 관해 이야기했습니다. 이 동문의 이야기는 가톨릭 신앙 역사의 풍요로움과 가톨릭 학교의 튼튼한 토대를 구축한 주인공들에 대해 감사하는 데 도움이 되었습니다. (1996년 6월, M. Dowling)

- **교사**: 교육자들은 '우리 가운데 있는 영웅들'이지만, 그 영웅적 모습이 알려지지 않는 경우가 종종 있습니다. 가톨릭 학교 주간은 교육자들을 기릴 수 있는 훌륭한 기회를 마련합니다. 기억해야 할 중요한 점은 핵심 가치와 종교적 사명을 연결시켜 교사를 인정하는 것입니다.
- **학생**: 학생들에게는 서로에게 모범이 되는 것이 가장 좋은 롤 모델입니다.

오클라호마 툴사의 몬테 카시노(Monte Cassino) 학교의 교장은 학생들이 서로를 살아 있는 성인으로 존중하도록 격려합니다.

몬테 카시노에서 기억하는 영웅들은 살아 있거나 고인이 된 사람들입니다. 학생들은 이들의 삶에 대해 많은 지식과 존경심을 가지고 있습니다. 학생들은 자신들이 좋아하는 성인으로 분장하고 그에 대해 알리는 것을 즐깁니다. 또한 동료 학생이나 교사들 가운데 복음의 삶을 일깨워 주는 살아 있는 성인을 기억하기도 합니다. '금주의 학생' '5월의 어린이'에 대한 교실 활동, 소식지를 통해 학생들은 자선 행위에 대한 긍정적인 체험을 합니다. 언젠가 2학년 학생 중 한 명이 폐암으로 갑작스럽게 사망했을 때 학생·학부모·교사는 함께 슬퍼하며 이 어린 소년을 기렸습니다. 학생들은 소년의 부모와 함께 기도와 예식을 통해 소년의 이야기와 그의 선함을 전하며 그를 기억하였습니다. 이 어린 영웅은 몬테 카시노 학교와 툴사시(市)에 죽음이 삶의 일부이며 하느님과 함께하는 영원한 행복으로 가는 문이라는 것을 일깨워 주었습니다. (19971년 1월, M. Buthod)

학교의 인정과 포상: 무엇을 보상하는가?

학교에서 그리스도인의 증거자로 식별하고 축하하는 방식에 대해 살펴보세요. 다음 중 학교에서 실천하는 방식에 대해 체크 표시해 보세요.

_____ 성체 분배 봉사
_____ 견진성사 후보
_____ 그리스도인의 봉사
_____ 피정 안내자 / 기도 선창자

기타

_____ ____________
_____ ____________
_____ ____________

표시한 부분을 고려하여 그리스도인 증거자로 영예를 부여할 수 있는 것이 무엇인지 제시해 보세요.

1. ____________
2. ____________
3. ____________

특별히 가톨릭 학교의 정체성과 철학을 고려할 때, 보상과 인정의 형태는 복음의 가치와 종교적 사명을 강조하는 방식이어야 합니다. 가톨릭 교육 지도자는 "학교가 가치 있다고 생각하는 것을 보상하는가?"와 "포상이 복음의 가치와 종교적 사명을 반영하고 있는가?"라는 두 가지 질문을 던질 필요가 있습니다.

루이지애나의 뉴올리언스에 있는 마운트 카르멜 아카데미의 교장은 '주 예수여 오소서'의 기도 선창자나 성체 분배 등의 봉사자에 대해 그리스도인의 증거자로서 인정하고 축하하며 상을 줍니다. 봉사활동에 필요한 시간을 초과한 학생과 도움이 필요한 사람들을 섬기며 의무 이상의 봉사를 한 그리스도인 공동체 회원에게도 같은 상이 주어집니다.

일부 학교는 중요한 가치를 지지하지만 덜 중요한 가치를 보상하기도 합니다. 예를 들어, 학업을 강조하지만 실제로는 운동선수를 숭배하는 학교도 있습니다. 또다른 학교는 봉사를 강조하지만 졸업 때 수여하는 상에 이러한 이상을 반영하지 않습니다. 이러한 불일치는 문화적 혼란을 일으킵니다.

가톨릭 교육 지도자들은 스포츠 상을 종교적 사명과 더욱 긴밀하게 연계하기 위해 스포츠맨십의 미덕을 강조하고 스포츠맨다운 행동을 강화하고 축하하는 상을 만들어 복음적 가치와 연결할 수 있습니다. 이러한 점에서 캘리포니아 로스앤젤레스의 살레시오(Salesian) 고등학교는 보상의 메커니즘을 신성한 핵심 가치와 조화시키기 위하여 변화를 시도하였습니다. 살레시오 고등학교는 봉사를 중시하기 때문에 레터맨 클럽(Letterman Society)의 목적과 선발 기준을 변경하여 대표팀의 운동보다는 또래 사목과 봉사에 적절한 중요성을 두었습니다.

졸업식은 학교가 소중히 여기는 가치를 드러내고 기념하는 최고의 공개 행사이며, 졸업식에서 수여하는 상은 학교가 무엇을 신성시하는지 가장 명확하게 보여 주는 지표가 됩니다. 대부분의 학교는 여러 상 중에서 학교의 이상을 가장 잘 구현한 학생에게 최고의 상을 수여합니다.

뉴올리언스의 마운트 카르멜 아카데미는 복음의 가치와 종교적 사명을 졸업식 표창과 보상 제도에 통합하였습니다. 이 학교는 매년 카르멜 영성을 대표하는 졸업생에게 "카르멜 상"을 수여합니다. 이와 비슷하게 "메리 그레이스 다노스(Mary Grace Danos) 수녀 상"은 마운트 카르멜 아카데미의 두 번째 교장을 기리기 위해 수여됩니다. 메리 그레이스 수녀는 25년 동안 지칠 줄 모르는 일꾼으로 미다스의 손길[3]을 가진 믿을 수 없는 기금 조성자이며 하느님 사랑으로 불타오르는 사람이었습니다. 각 수상자는 다른 사람을 섬기고, 가치 있는 일을 지지하며, 하느님에 대한 사랑으로 불타오르는 삶을 보여 주었습니다.

주목해야 할 두 가지

문화의 상징인 영웅의 중요성을 고려할 때 두 가지 사항에 주의를 기울일 필요가 있습니다.

첫째, 학교에서는 '영웅 숭배'를 피해야 합니다. 인간은 본성적 결함을 지니고 있기 때문에 영웅적인 사람보다는 영웅적인 행동을 강조하는 것이 좋습니다. 쉽게 환멸을 느끼는 젊은이들이 많은 학교에서 영웅 숭배는 치명적인 결과를 초래할 수 있습니다. 따라서 학교에서는 누가 상을 받느냐보다는, 학교가 무엇을 보상하느냐가 중요합니다.

두 번째 주의 사항은 교육자에 관한 것입니다. 한두 명의 장기근속 교사나 관리자가 학교의 정체성 강화에 헌신한다는 이유로 이들을 지나치게 예우할 수 있을까요? 특정 개인의 공헌을 지나치게 강조하는 것은 학교의 정체성이 이들 개인에 의존하는 것이며, 그 결과 이들에게 주어지는 과도한 비공식적 권력은 학교를 위험에 빠뜨릴 수 있습니다. 가톨릭 학교에서는 어떤 사람도 이러한 권력을 휘두르며 학교 공동체를 인격 숭배의 인질로 잡아서는 안 됩니다.

가톨릭 교육 지도자들은 학교를 중심으로 삶을 전개하는 교직원을 예우하려는 유혹을 뿌리쳐야 합니다. 이러한 교직원들의 의도는 선의적일 수 있지만, 그들의 이타적이고 지칠 줄 모르는 봉사가 오히려 존중될 수 없는 일명 '일중독'임을 반영할 수 있습니다. 이러한 사람들을 롤 모델로 부각시키는 것은 일차원적이고 강박적이며 건강을 해치는 행동입니다. 희생으로 열심히 일하는 것은 칭찬받을 만하지만 일중독은 그렇지 않습니다.

학교가 매년 시상하는 최고의 상이 무엇인지 제시해 보세요.

1. ____________________
2. ____________________
3. ____________________

이러한 상이 복음의 가치와 학교의 종교적 사명을 어떻게 반영하는지 설명해 보세요.

1. ____________________
2. ____________________
3. ____________________

종교적 사명에 비추어 이러한 상을 개선하거나 새로운 상을 만드는 방법에 대해 논의해 보세요.

____
____
____
____
____
____

소 결 론

영웅과 주인공은 집단의 공유 가치를 의인화하여 핵심 가치에 인간의 얼굴을 덮어씌웁니다. 이러한 롤 모델은 사람들이 쉽게 공감하고 동일시할 수 있으며, 사람들이 노력할 방향에 대한 기준을 제시합니다. 영웅과 주인공은 역사의 어느 순간에 무엇이 가치 있고 누가 가치를 평가하는지에 따라 결정되기 때문에 시대에 따라 달라질 수 있습니다.

청소년에게는 롤 모델이 필요합니다. 학교에서 누가 존경받고 어떤 보상을 받는지는 청소년들에게 학교가 진정으로 소중히 여기는 것이 무엇인지를 알려줍니다. 따라서 가톨릭 교육 지도자들은 가톨릭 문화의 건축가로서 복음의 가치와 학교의 종교적 사명을 모범적으로 보여 주는 영웅과 주인공을 기리는 것이 필수적입니다.

제 5 장

상징들

• 상징들

상징은 "신성한 헌신과 공유된 감정의 표현으로써, 이성적인 수준에서 이해할 수 없는 것들을 외적으로 표현한 것입니다"(Deal & Peterson, 1999, p.60). 칼라일(Carlyle)은 "인간이 의식적이든 무의식적이든 살아가고, 일하며, 의미를 갖는 것은 상징 안에서 그리고 상징을 통해서이다"(Sergiovanni, 1984, p.4에서 재인용)라고 적으며, 상징의 중요성을 지적합니다. 상징은 종종 감정적 반응을 강력히 이끌어 내고 신비로운 힘을 발휘하기도 합니다. 이는 상징이 인간의 기본적인 욕구인 정체성과 소속감을 불러일으키기 때문일 수 있습니다(Maslow, 1970).

가톨릭 문화

대부분의 종교는 의식과 예식에 상징을 포함하지만, 가톨릭의 상상력은 다른 종교보다 더 많은 것을 필요로 하는 것 같습니다(Greeley, 1995). 네 가지 성사에는 성령의 현존과 생명의 보존을 상징하는 기름이 사용됩니다. 재의 수요일 예식에서는 죽음을 상징하는 재를 사용합니다. 향은 하느님께 올리는 기도를 상징합니다. 성체성사는 가톨릭 신자들에게 그리스도의 몸과 피로 변한 빵과 포도주를 통해 필요한 영양을 공급하는 예식의 중심입니다. 수 세기 동안 십자가는 묵주나 성상과 마찬가지로 가톨릭교회와 연관되어 왔습니다.

학교 문화

학교와 학교의 가치를 대표하는 대상은 문화를 전하는 "침묵의 사신"입니다(Chambers, 1998, p.35). 마스코트, 로고, 엠블럼, 스포츠팀 재킷, 학급 반지, 학교의 상징색은 학교의 정체성을 상징합니다. 졸업 모자와 가운, 운동 대표팀의 편지, 우수생에게 주는 핀, 졸업장 등의 상징물은 성취의 의미를 전달합니다. 학교 문구류의 디자인이나 심지어 종이의 질과 같은 단순한 것에도 전통, 혁신, 공동체, 강인함 또는 약함을 전달할 수 있습니다.

졸업 후 몇 년이 지나면 졸업생들은 모교와 관련된 상징물에 강한 애착을 보이는 경우가 많습니다. 학교 건축물과 캠퍼스의 상징은 학교를 연상시키는 데 강력하고 매력적인 힘을 지니고 있습니다. 학교 정문, 학교 외관, 종과 시계탑, 학교 간판이나 성당 등에 대한 전문적 인쇄물은 충직한 졸업생과 학교에 강한 유대감을 느끼는 사람들에게 인기가 있습니다. 이러한 시각적 표현은 과거의 경험에 대한 아름다운 기억을 떠올리게 합니다.

가톨릭 학교 문화

가톨릭 신자들이 비유와 은유, 오감을 통해 하느님을 만나고 신앙을 경험한다는 이론에 비추어 볼 때(Greeley, 1990, 2000; McBrien, 1994; Tracy, 1981), 가톨릭 상상력은 상징과 의식을 통해 제공된다는 것을 알 수 있습니다. 따라서 가톨릭 교육 지도자는 학교의 핵심 가치와 사명을 확인하고 드러내며 기념할 수 있는 상징과 의식을 풍요롭게 제공하는 데 유의할 필요가 있습니다.

문화 건축의 계획: 복음적 가치와 종교적 사명을 반영하는 상징적 체계 마련과 표현

학교가 "문화적 집합체"라는 Cutler(1989)의 주장은 가톨릭 교육 지도자들에게 유익한 정보를 제공합니다. 가톨릭 학교에 들어오는 사람들에게는 학교와 종교적 정체성을 직접적으로 연결하도록 만드는 상징 체계가 반드시 필요합니다.

상징 체계와 결합하는 종교적 정체성

대부분의 학교에는 학교의 정체성을 나타내는 일련의 상징이 있습니다. 일반적인 상징물로는 사진, 조각상, 엠블럼, 마스코트, 색상, 간판, 복장 등이 있습니다.

학교 문장은 캘리포니아 데일리 시티에 있는 자비의 성모(Our lady of Mercy) 학교의 정수를 담고 있습니다. 학교의 영감과 역사를 반영하여 디자인된 도미니코회의 유산은 마리아께 도움을 구하는 사람들을 상징하는 도미니코회 십자가와 기도에 대한 도미니코회 수도자들의 헌신을 나타내는 묵주로 표현되어 있습니다.

문장의 중심인물인 자비의 성모 마리아는 다섯 개의 별에 둘러싸여 있으며, "다섯 개의 별"은 각각 영적 기반, 학문적 탁월성, 생명을 위한 태도, 풍요로운 개인, 특별한 봉사 등의 교육 프로그램을 상징합니다. 문장에는 40여 년의 역사를 나타내는 학교의 설립 날짜도 포함되어 있습니다.

네브래스카 데이비드 시티에 있는 아퀴나스(Aquinas) 중고등학교의 로비에는 학교의 본질을 드러내는 두 가지 상징물이 있습니다. 하나는 예술적으로 통합한 테라조(terazzo) 바닥의 학교 엠블럼입니다. 학교의 역할 및 사명과 관련된 엠블럼의 선 안에는 성 토마스 아퀴나스의 삶을 대표하는 상징이 그려져 있습니다. 펼쳐진 책은 그의 학문을 상징합니다. 가시관은 성 토마스 아퀴나스의 학문이 십자가에 달리신 그리스도를 묵상하는 것임을 상징합니다. 성배는 성체성사에 대한 그의 헌신을 상징합니다. 그리고 횃불은 성 토마스 아퀴나스의 진리에 대한 사랑, 십자가에 달리신 그리스도에 대한 묵상, 성체성사에 대한 헌신을 학생들에게 전하고자 하는 학교의 사명을 상징합니다.

루이지애나 뉴올리언스에 있는 마운트 카르멜 아카데미의 두 개의 엠블럼은 학교의 정체성과 그곳에서 교육받은 사람을 상징합니다. 첫 번째 엠블럼은 카르멜 수도회의 인장인 '방패'입니다. 두 번째는 예언자 엘리야의 말씀에서 따온 학교 모토인 "주 만군의 하느님을 위해 열정을 다해 일해 왔습니다"(1열왕 19,10)로, 학생의 인성을 묘사하고 있습니다. 9학년 모든 학생에게 방패와 교훈을 설명하는 공식적인 책자가 제공되며, 학생들이 졸업 반지를 받을 때 반복해서 이루어집니다. 학교 모토는 모든 학생이 학교의 목적을 되새길 수 있도록 책가방, 책 표지, 문구류, 스웨터, 핸드북에 새겨져 있습니다.

학교의 마스코트와 색상은 학교의 고유한 유산과 문화를 대표적으로 보여 주는 역할을 하기도 합니다.

네브래스카 오마하의 스컷(Skutt) 가톨릭 고등학교는 상상 속의 매(SkyHawk)를 학교의 마스코트로 정하고 있습니다. 상상의 매가 지닌 상징적 의미는 다른 종보다 더 높이 날아오르며 사람들이 자신의 잠재력을 최대한 발휘하고 하느님께 더 가까이 다가갈 것을 촉구합니다. 상상의 매는 배움의 지혜, 자기 규율, 타인에 대한 배려를 의미합니다. 겸손과 정의는 상상의 매의 행동 지침이 됩니다. 상상의 매의 결정은 다른 사람의 이익을 위해 지성, 의지, 감정을 신중하게 사용한다는 것을 반영합니다. 동료들은 상상의 매가 포식자는 아니지만 치열하면서도 명예로운 경쟁자로 여기며 동시에, 지도자며 보호자로 여깁니다. 상대방은 상상의 매가 포기하지 않고 우아하게 승리하거나 심지어 패배를 품위 있게 받아들인다는 것을 알고 있습니다.

문화적 가치를 전달하는 "침묵의 사신"은 학교의 상징입니다.

여러분 학교의 엠블럼이나 로고를 살펴보세요.

- 종교적 의미를 전달하는 것은 어떤 것인지요?
- 가톨릭적 의미를 전달하는 것은 무엇인가요?
- 학교 공동체의 구성원은 학교의 엠블럼이나 로고가 지닌 종교적 의미를 설명할 수 있나요?

학교의 엠블럼이나 로고가 지닌 종교적 상징에 대해 학교 공동체 구성원들을 교육할 수 있는 방법을 세 가지로 적어 보세요.

1. ______________
2. ______________
3. ______________

엠블럼, 로고, 마스고드, 신문, 졸업 앨범, 색상, 졸업 반지, 문구류 등 학교의 상징 체계가 지닌 종교적 의미를 강화하기 위한 방법에 대해 논의해 보세요.

____
____
____
____

또한 상상의 매는 서식지의 아름다움과 풍부한 자연 자원을 사랑합니다. 상상의 매를 꾸미는 녹색은 모든 피조물이 하느님께서 인류에게 주신 풍요로운 선물을 선하게 관리하는 청지기가 되기를 바라는 희망을 상징합니다. 모든 색에 스며 있는 검은색은 상상의 매가 다양성을 포용하고 인간 생명의 존엄성을 인정하기 위해 전 세계가 화합을 위해 노력한다는 것을 의미합니다. 상상의 매에 사용되는 세 번째 색상인 은색은 하느님께서 인류에게 약속하신 구원의 빛을 상징합니다.

가톨릭 학교의 상징 체계에 다문화 이미지를 통합하는 것은 교회가 소중히 여기는 문화적 다양성의 풍요로움을 반영합니다. 애리조나 투손에 있는 성 하비에르 미션 스쿨의 엠블럼은 원 안에 토호노 오오담 부족의 미로와 결합한 십자가를 형상화했습니다. 원 내부의 중심에는 십자가와 함께 윤곽이 그려진 학교 건물 주위에 아메리카 원주민을 상징하는 깃털이 둘러싸고 있습니다.

미네소타 레드 레이크의 성 마리아 미션 스쿨은 전통적인 가톨릭 상징 외에도 복도와 교실, 사무실에 오지브웨의 상징과 그림이 의미 있게 그려져 있습니다. 오지브웨의 중요한 상징인 천둥새는 학교의 로고입니다. 천둥새 안에 있는 십자가는 창조주 안에서 오지브웨족과 가톨릭 신앙의 통합을 상징합니다. 여덟 개의 뾰족한 별은 창조주와 타자, 피조물과의 상호 작용 안에서 하느님의 현존에 대한 오지브웨 부족의 믿음을 시각화합니다.

오하이오 신시내티에 있는 주님 탄생 학교에서는 '예수님이 역사를 통틀어 모든 문화권의 모든 사람을 위한 분'이시기에 다양한 문화와 역사적 시대를 대표하는 수준 높은 종교 예술로 주님 탄생 학교를 장식하고 있습니다. 대부분은 이를 대표하는 작품들이며 일부는 학교에서 이를 목적으로 의뢰한 작품입니다. 이 학교는 아프리카, 히스패닉, 유럽, 현대 미국 문화를 반영하는 성모 마리아에 관한 작품들을 자랑스럽게 여깁니다. 매년 핀란드, 엘살바도르, 멕시코, 호주, 아일랜드, 이탈리아, 케냐, 페루, 과테말라, 프랑스 등 세계 각국에서 수집된 성탄 구유 세트를 전시합니다. 몇몇 성탄 구유 세트는 교환 학생 프로그램에 참여했던 주님 탄생 학교 학생들이 받은 선물입니다. 특히, 주님 탄생 학교는 종교 수업 시간에 도로시 데이, 스티브 비코,[4] 마틴 루서 킹 목사, 로메로 대주교의 사진을 전시하고 학생들에게 이야기를 들려줌으로써 그들을 기립니다.

앨라배마 다프네에 있는 그리스도 왕 학교는 방문하는 모든 사람이 운동장 중앙을 바라보게 합니다. 중앙에 위치한 녹색 원 안에는 성부를 상징하는 나무와 꽃, 성자를 상징하는 세 개의 십자가, 성령을 상징하는 분수가 있습니다. 중앙의 끝에는 마리아 동상이 있습니다. 이러한 종교적 상징물은 학생과 학부모 모두에게 영감을 줍니다. 가족들은 운동장 일부의 꽃과 나무를 가꾸고 돌보는 책임을 맡기도 합니다.

학교와 종교적 상징 체계의 표현

많은 가톨릭 학교는 학교 건물 전체와 캠퍼스 주변에 학교 상징과 종교적 이미지를 나타냅니다. '침묵의 사신'으로서 학교의 핵심 종교적 가치를 드러내는 상징과 종교적 이미지에는 사명 선언문, 십자가, 동상, 사진, 포스터, 배너 등이 해당됩니다. 이를 표현하는 영역은 교복부터 지정 게시판, 학교 현관, 캠퍼스 운동장까지 다양합니다. 학교를 처음 방문한 사람이 아니라면 학교의 상징 체계를 당연하게 여깁니다. 그래서 가톨릭 교육 지도자들은 지속적인 교육과 홍보를 통해 학교가 지닌 고유한 상징적 의미를 살리는 것이 중요합니다.

그리스도 왕 학교에 들어서는 방문객들은 학교의 사명 선언문과 "이곳은 그리스도를 중심으로 하는 구역입니다"라는 NCEA 로고, 팔을 뻗은 교황 요한 바오로 2세의 사진을 가장 먼저 보게 됩니다. 체육관으로 걸어가다 보면 학생들이 "그리스도의 정원"이라고 이름 붙인 예수님의 동상이 있는 정원을 지나게 됩니다. 학생들은 잡초를 뽑고 꽃에 물을 주며 정원수를 다듬습니다. 모든 교실과 사무실에는 학교의 사명 선언문, NCEA 로고, 성경, 마리아 동상, 십자가가 전시되어 있습니다. "저의 마지막 꿈은 성가족을 위한 동굴을 짓는 것입니다"라고 교장은 말합니다. "이것이 현실화되면 그리스도 왕 학교는 세속 사회 속에서 거룩함을 생각하는 많은 상징물을 지니게 될 것입니다"(1997년 1월, M. Nolan).

일리노이 브리즈의 마테르 데이 고등학교는 '성모님과 자녀'의 상징을 표현하고 있습니다. 학교 문구와 프로그램 및 홍보물에 이 상징을 인쇄하는 것 외에도 "온유한 여인이신 성모 마리아"라는 시편 구절이 새겨진 현수막을 학교 밖 거리의 가로등 기둥에 걸어 둡니다. 걸개그림 상단부에는 '성모님과 자녀'의 학교 상징이, 하단부에는 "지혜와 사랑을 가르치소서!"라는 문구가 쓰여 있습니다. "이 걸개그림은 학교를 찾는 모든 사람에게 우리가 누구인지 알려 주는 것입니다"(1997년 1월, J. Darr).

펜실베이니아 그린빌에 있는 성 미카엘(St. Michael) 학교에는 성 요셉, 성 테레사, 대천사 미카엘, 교황 비오 10세의 동상과 사진뿐만 아니라, 학교와 본당을 위해 헌신한 주교와 사제들의 사진이 전시되어 있습니다. 학생과 교직원에게 동기를 부여하기 위해 복도에 종교 포스터를 장식합니다. 학교의 두 건물 앞 도로를 마주하는 울타리 위에는 NCEA의 현수막이 걸려 있습니다. 또한 모든 교실에는 십자가와 성모상 그리고 종교적 주제를 다루는 게시판이 있습니다.

일리노이 에드워즈 빌의 성 마리아(St. Mary) 학교의 각 교실에는 기도를 위한 게시판이 있습니다. 담임 교사와 학생들은 교실이나 가정에서 기도가 필요한 이들을 이곳에 적어 아침·저녁기도 때에 기억합니다. 교장 선생님은 "이 활동 소식이 지역사회에 퍼졌습니다. 본당 신자뿐만 아니라 가톨릭 신자가 아닌 사람들도 기도 게시판에 이름을 추가해 달라는 전화를 받기도 합니다. 이 프로젝트는 공동체에 기도의 힘을 보여 주는 징표가 되었습니다"(1997년 1월, J. Johnson).

네브래스카 오마하의 성 세실리아 학교의 교복 스웨터에는 신시나와(Sinsinawa) 도미니코 수녀회의 방패가 새겨져 있습니다. 이에 대해 교장은 "1907년에 학교를 설립한 수녀님들은 이곳에서 학생들을 가르쳤습니다. 그때는 44명의 학생이 있었습니다. 현재까지 이어지는 많은 전통은 그분들께서 우리에게 가르쳐 준 것입니다. 바로 이곳의 교장 선생님과 여러 선생님이 도미니코 수녀회의 열매들입니다. 우리는 그분들에게 경의를 표해야 합니다!"(1997년 1월, B. Pryor).

때로는 학교의 종교적 유산을 기억하고 기념하기 위

학교는 문화적 가치를 드러내는 기념관으로써 '문화적 집합체'입니다.

학교 건물이나 캠퍼스에 가톨릭 정체성을 드러내는 표시를 찾아보고, 어떤 곳에서 가톨릭의 특징을 나타내는지 체크 표시를 해 보세요.

_______ 학교 캠퍼스와 운동장
_______ 학교 간판
_______ 학교 외벽
_______ 입구 또는 현관
_______ 복도
_______ 사무실
_______ 교실
_______ 체력 단련실
_______ 공연장
_______ 학생들의 공용공간 또는 식당
_______ 학교 문구, 교지, 홍보물
_______ 학교 졸업장과 기타 문서
_______ 교복

위에서 표시한 항목을 바탕으로 학교와 캠퍼스 주변에 학교의 종교적 상징물을 보다 잘 드러낼 수 있는 방법을 세 가지로 제시해 보세요.

1. ____________________
2. ____________________
3. ____________________

해 보관된 종교적 보물을 새롭게 단장하기도 합니다.

현재 노숙자 쉼터로 활용하고 있는 인디애나 먼시에 위치한 성 로렌스(St. Lawrence) 학교의 수녀원은 교회와 국가 간의 갈등으로 인해 스테인드글라스 창문을 철거해야 했습니다. 교장은 "제가 관리자가 되었을 때, 7개의 창문이 스티로폼 판넬에 싸여 창고 안에 쌓여 있는 것을 발견했습니다. 저는 감정사와 건축가를 고용하여 학교 경당에 창문을 설치하기 위한 계획을 세웠습니다. 본당에서는 우리가 창문을 원한다는 사실에 기뻐하며 재정적으로 지원해 주었습니다. 돌아가신 교구민들을 기리기 위한 많은 기부가 이어졌습니다"(1997년 1월, M. Arter). 크리스마스 연휴 동안 건축업자들이 학교 경당에 창문을 설치했고, 가톨릭 학교 주간에는 본당을 오픈 하우스에 초대했습니다. 그런 다음 주교님의 사목 방문을 기회로 창문을 봉헌하는 예식을 거행하였습니다.

네브래스카 오마하의 성 세실리아 학교의 교장은 참나무로 만든 액자에 담겨있는 40점의 그림을 새롭게 단장했습니다. 프라 안젤리코(Fra Angelico), 사소페라토(Sassoferrato), 시몬 마르티니(Simone Martini), 필리피노(Fillipino), 리피(Lippi), 벨리니(Bellini), 보티첼리(Boticelli)의 걸작에서부터 성모 마리아나 종교적 양식을 세부적으로 묘사한 이 그림들은 1954년 학교 설립 당시 로마에서 운반되어 수녀원에 걸려 있었으나, 이제는 많은 이들에게 개방하여 주목을 받습니다. "우리는 이 그림들을 조사하였으며, 이 그림들은 이제 우리 현관에 걸려 있어 종교학에 기초한 예술 강좌의 일부가 될 수 있습니다. [···] 우리 모두를 흥분시키는 보물입니다"(1997년 1월, B. Pryor).

여러분 학교에서 가톨릭 상징물을 다문화 배경과 통합하여 드러낼 수 있는 방법을 세 단계로 제시해 보세요.

1. ____________________
2. ____________________
3. ____________________

어떤 가톨릭 학교들은 전례력과 연결하여 전례 시기에 따라 상징물을 전시합니다(그림 10).

〔그림 10〕
교회 전례력

아이오와주 그린빌의 스폴딩(Spalding) 고등학교와
렘센의 성 마리아(St. Mary) 고등학교

이 학교에서는 각 전례 시기 동안 하나의 상징과 주제에 초점을 맞춰 전례력을 가르칩니다.

시기	상징
대림 시기	각 교실의 화환
주제:	"연민으로 다시 태어나게 하소서."
사순 시기	검은 토양 안에 있는 낡은 경작기
주제:	"우리 삶의 토양에 용기가 넘치게 하소서."
부활 시기	흐르는 물과 폭포
주제:	"희망을 주는 생명의 물이 흐르게 하소서."

한 학교에서는 8학년 졸업반이 일 년 내내 자신들을 대표할 주제와 상징을 선택합니다. 버지니아 알렉산드리아의 블레스트 새크라멘트 학교의 교장은 다음과 같이 강조합니다. "우리 학교에서는 매년 8학년 학생들이 마지막 일 년을 보내기 위하여 복음에 기반한 주제를 선택하도록 초대받습니다. 그런 다음 우리는 이 주제가 우리 신앙 공동체의 모든 면에 통합되도록 합니다. 어느 해에는 8학년 학생들이 '우리의 요새이며 반석이신 하느님'이라는 주제를 선택했습니다."

"개학식 때, 각 학생은 작은 돌 하나와 학교 입구 테이블에 놓인 큰 돌을 하나씩 받았습니다. 우리는 이

돌을 이용해 일 년 내내 다양한 메시지를 전달하였습니다. 조회 시간에 우리는 다른 사람들에게 '바위'가 되어 준 사람들을 표창하였습니다. 대림절에는 대림 화환을 바위 주변에 두었습니다. 졸업식에서는 졸업생들이 반석 위에 서도록 초대하여 하느님이 그들의 반석이 되셨고 앞으로도 그럴 것임을 상기시켰습니다. 학년말에는 유방암 치료를 받게 될 한 교사에게 이 반석을 선물했습니다. 졸업생들은 고별 선물로 자신의 졸업 연도가 새겨진 바위를 학교에 선물했습니다. 그 바위는 학교 로비에 남아 '우리의 요새요 반석이신 하느님'을 상기시켜 줍니다"(1997년 6월, M. Dowling).

학급의 졸업생이 자신의 학급과 학교를 위해 종교적 상징물을 구입하는 것은 학교의 종교적 사명에 특별한 의미가 있다는 것을 보여 주는 신호입니다. 아이오와 주 웨스트 디모인에 소재한 예수 성심 학교 교장의 증언이 이를 뒷받침합니다.

> 매년 졸업반 학생은 학교에 줄 선물을 구입합니다. 1996년도 졸업반 학생은 우리가 환영하는 예수님께서는 우리 마음에 들어오실 때 문이 필요 없기에, 손잡이 없는 문 앞에 서 계신 예수님을 나타내는 "마음의 문 앞에 서 계신 예수님"이라는 특별한 그림을 선물하였습니다. 주교님께서는 학교 정문에 걸려 있는 이 아름다운 그림을 졸업생이 생생히 떠올리도록, 그해 봄 견진성사 미사 강론에서 이 그림에 대해 말씀하셨습니다. 이는 우리가 예수 성심 학교의 분위기를 어떻게 다듬어 가야 하는지에 대한 과제를 안겨 줍니다. (1999년 10월, A. Westerhaus)

학교의 상징 체계와 통합한 종교적 이미지가 캠퍼스 곳곳에 전시되어 학교 공동체의 가치를 나타내는 것처럼, 교육 사목에 관여한 이들이 착용하거나 드러내는 종교적 이미지는 그들이 무엇을 중요하게 여기는지를 나타냅니다. 일반 대중은 눈에 띄는 종교적 상징을 착용하고 있는 가톨릭 교육자를 본다면, 그들이 사제나 수사 혹은 수녀일 것이라고 생각하는 경향이 있습니다.

각각의 종교적 상징물에 대한 개념을 설명해 보세요.

- 개인적으로 종교적 상징이 갖는 의미는 무엇인가요?
- 여러분 개인의 영성이나 교육 사목을 반영하기 위해 착용하는 종교적 상징은 무엇인가요?
- 여러분 개인의 영성이나 교육 사목을 반영하는 종교적 상징물은 무엇인가요?

몇 년 전 평신도로서 교장직을 수행하고 있을 때, 저는 핼러윈 축제를 위해 고학년이 준비한 '유령의 집' 입장표를 팔아 달라는 요청을 받았습니다. 그때, 두 자녀와 함께 입장하던 부모가 중간에 돌아와서 "신부님, 아이들이 너무 무서워해서 끝까지 가지 못했어요. 환불받을 수 있을까요?"라며 물었다. 저는 돈을 돌려주고 난 후, 그들이 왜 저를 성직자라고 생각했을까 궁금했습니다. 그러다 문득 제 목에 걸려 있던 십자가 때문이라는 생각이 들었습니다. 이 이야기는 가톨릭 평신도 교육 지도자들에게 개인적인 상징의 힘에 대한 중요성을 알려 줍니다. 일반 대중이 종교적 상징을 착용하는 수사나 수녀에게 지니는 기대를 기억한다면, 종교적 상징을 착용한 평신도가 보내는 메시지가 얼마나 강력한지 생각해 보길 바랍니다. 그리스도에 대한 개인적 헌신이나 대중 사목 그리고 학교의 종교적 핵심 가치와 사명을 드러내는 것이 상징적인 표현이라면, 아마도 가톨릭 평신도 교육 지도자는 그들의 개인적 신념을 나타내는 레펠 핀이나 목걸이를 착용해야 할 것입니다. 가톨릭 교육 지도자가 대중 사목에 종사하는 경우, 공적 증거에 헌신하고 있음을 전달하는 상징을 착용하는 것이 이상한 일인가요?

상징이 반드시 물건과 같은 대상일 필요는 없습니다.

교육자나 학교 공동체의 구성원도 '살아 있는 상징'으로 기능합니다. 루이지애나주 뉴올리언스의 마운트 카르멜 아카데미의 교장은 이와 비슷한 관점을 지니고 있습니다.

> 관리자나 직원 및 학생 단체는 다른 어떤 상징보다도 학교가 가톨릭 학교로 구분하게 하는 상징입니다. '가톨릭'이라는 단어는 모든 사람을 포함한 보편적인 의미입니다. 서로에 대한 사랑과 존중, 배려가 겉으로 드러나는 마운트 카르멜 아카데미에는 그 예가 무수히 많습니다. 학생들은 공동체의 가난하고 궁핍한 사람들을 위해 자신의 시간과 돈을 아낌없이 제공합니다. 졸업반 학생은 중병을 앓고 있는 신입생을 위해 기도하고 꽃이나 카드, 책을 지속적으로 보내 주는 동시에, 그 가족을 돕기 위해 스스로 나서서 친구가 되어 주고 있습니다. 클럽에서는 크리스마스에 가정이 어렵고 가난한 이들을 돌보는 학교를 택하여, 학용품과 생필품을 보냅니다. 가톨릭 신자인 우리를 가장 잘 보여 주는 종교적 상징은 마운트 카르멜 아카데미를 구성하는 사람들입니다. (1997년 1월, C.A. Campbell)

소 결 론

상징은 한 문화를 대표하는 사람들과 그 구성원들이 소중히 여기는 것을 시각화한 이미지입니다. 교육 분야에서는 공동체로서 "문화의 집합체"(Cutler, 1989)인 학교가 정체성과 의미에 대한 원천을 제공하고, 학교 교육의 목적을 고려하는 가치를 드러냅니다.

일반적으로 상징의 힘과 상징이 가톨릭적 상상력에 제공하는 자양분을 고려할 때, 가톨릭 문화의 건축가인 가톨릭 교육 지도자들은 학교의 복음적 가치와 종교적 사명을 반영하는 학교 상징 체계를 만들고 이를 전시해야 할 의무가 있습니다.

제 6 장

의식적 전통

● 전통적 의식

전통, 예식, 관습, 의식은 인간 존재에 의미를 부여합니다. 어떤 저자는 의식와 예식을 구분하여 각각을 별도로 취급합니다. 그들은 의식(ritual)을 일상적으로 일어나는 일로, 예식(ceremony)은 특별한 행사로 분류합니다. 이어지는 논의에서는 '의식'이라는 단어를 '일상적인' 의식과 '예식적인' 의식으로 구분하여 용어를 사용할 것입니다.

일상적 의식

인간은 습관의 동물이기 때문에 '일상적인 의식'은 사람들이 무의식적으로 당연하게 여기는 흔하고 반복적인 일들을 의미합니다. "우리가 여기서 일하는 방식"(Bower, 1966)

인 일상적 의식은 반복적인 특성에도 불구하고 귀중한 문화적 기능을 수행합니다. 의식은 문화적 가치를 상기시키고 "구조와 의미"를 전달하며 일상적인 인간 행동을 통해 이러한 가치를 강화합니다(Bolman & Deal, 1997, p.222).

가톨릭 문화

많은 신앙인에게 아침 기도와 취침 기도, 식사 전 기도는 일상적인 의식입니다. 가톨릭 신자에게 미사는 일요일에 참석해야 하는 규범적 특징을 지닌다는 의미에서 일상적인 의식이 될 수 있습니다. 다른 일상적인 의식으로는 묵주기도를 하거나 십자가의 길에 참여하는 것이 해당됩니다.

학교 문화

교사는 일반적으로 학교에 도착하면 정해진 일과를 따릅니다. 아마 학생들은 인정하지 않을 수도 있지만, 교사들은 안전함과 안정감을 주는 반복된 일상에 참여합니다.

학교의 일과는 핵심 가치를 반영할 수 있습니다. 예를 들어, 학생의 개성을 중시하는 학교에서는 학생의 생일을 알립니다. 학생의 책임과 참여를 중시하는 학교에서는 학생들이 방송을 통해 공지 사항을 읽게 합니다. 엄격한 교복 규정이 있는 학교는 교복의 중요성을 강조하기 위해 정기적으로 교복 점검을 하며, 자율 복장의 날을 운영합니다. 공동체를 중시하는 학교는 매일 아침 모임을 하며 하루를 시작합니다. 애국심을 중시하는 학교는 학교 전체가 국기에 대한 경례로 하루를 시작합니다.

가톨릭 학교 문화

가톨릭 학교의 일상적인 의식은 복음의 가치와 종교적 사명에 대해 많은 것을 이야기할 수 있습니다. 예를 들어, 가톨릭 학교에서의 아침 조회는 가톨릭 가치에 대한 합리적 근거를 제공하는 동시에, 내용과 절차적 형식에서도 종교적 의미를 지닐 수 있습니다. 이에 대한 목표는 단순히 공동체 건설을 넘어 '신앙 공동체'를 구축하는 것이어야 합니다.

일상적인 의식이 사람들에게 그들의 문화와 가치를 상기시키는 역할을 한다면, 가톨릭 학교는 기도를 출석만큼이나 일상적인 것으로 만드는 것이 합당합니다. 성 바오로가 에페소 사람들에게 "늘 성령 안에서 온갖 기도와 간구를 올려 간청하십시오"(에페 6,18)라고 권고한 것은 가톨릭 학교에 여전히 유효한 조언입니다.

공동 기도보다 학생들이 가톨릭 학교에 활기를 불어넣는 문화에 집중할 수 있는 좋은 방법이 있을까요? 학생들에게 공동 기도라는 일상적인 의식을 통해 "끊임없이 복음에 돌아가고 그리스도와 자주 만남"(가톨릭 교육성성, 1977/2022, 55항)을 갖게 하는 것보다 하느님의 현존을 상기시키는데 더 좋은 방법이 있을까요? 일상과 영성을 쉽게 연결하는 학교의 일과를 통해 기도하는 의식이 일상화된 학생들이 졸업 후에도 '기도'를 계속할 수 있기를 바랍니다.

문화 건설 계획:
일상적인 의식을 통한 기도와 예배 문화 조성

학교에서의 기도가 일상적인 의식이 되게 하는 데 얼마나 효과적인지 생각해 보세요.

- 학교 공동체 구성원들이 언제 여러분이 기도하는 것을 목격하나요?
- 학교에 있는 여러분 자신과 교육자들 그리고 학부모 등 모든 이들이 편하게 기도할 수 있도록 도움이 되는 방법은 어떤 것이 있을까요?

학교에서 기도를 일상적인 의식으로 만들기 위해 할 수 있는 행동 세 가지를 찾아보세요.

1. ____________________
2. ____________________
3. ____________________

다른 인간관계와 마찬가지로 하느님과의 관계도 발전시켜 나가야 합니다. 그러나 너무도 많은 관심사로 인해 젊은이들은 일상과 영적 삶을 연결시키지 못합니다. "하느님의 현존 안에 머물고 있음을 기억합시다"는 기도로 시작하는 라살리안(LaSallian)의 전통은 학생들이 기도를 통해 하느님을 중심에 두는 일상적인 의식을 잘 보여 줍니다.

초기 그리스도교 공동체에 기도를 간청했던 바오로 사도처럼, 가톨릭 교육 지도자들도 학교 공동체의 모든 구성원, 특히 학생들이 기도를 학교생활의 일부로 경험할 수 있도록 해야 합니다.

학교 공동체의 일상적 기도

펜실베이니아 그린빌에 있는 성 미카엘 학교에서는 교장이 안내하고 학생들이 주도하는 기도를 통해 하루를 시작합니다. 기도는 학생과 교사가 그날 공동체에서 기도해 주었으면 하는 청원 목록을 바탕으로 이루어집니다.

뉴저지 러더퍼드의 성 마리아 고등학교는 전교생을 위한 아침 조회가 매일 이루어집니다. 교장은 이 아침 의식을 "최상의 공동체 건설 시간"이라고 부릅니다(1997년 1월, M. Lanni). 조회는 약 20분간 진행되는 데, 이 시간 동안 학교 공동체는 음악, 춤, 드라마, 전통적 기도 등 다양한 방식의 기도를 경험합니다. 교회 전례력에 따른 예식과 함께 다양한 문화권의 기도와 음악이 함께 거행됩니다. 그래서 학교 공동체 구성원은 시기별 전례에 모두 참여할 수 있게 됩니다. 의식이 끝난 후 공동체는 공동체 구성원의 생일과 단체의 성공을 축하합니다.

아이오와 미주리 밸리의 성 패트릭(St. Patrick) 학교에서는 매일 아침과 오후에 학교 공동체 전체가 강당에서 모여 기도합니다. 아침 기도 시간에는 교사와 학생들이 촌극, 음악, 촛불 켜기, 식품 나누기 등의 활동에 참여합니다. 아침 기도는 많은 학부모가 참석할 정도로 인기가 높습니다. 학교 공동체는 학생들이 하교하기 전에 다시 모여 기도합니다. 교장은 "우리는 학생들에게 기도가 필요한 공동체 구성원들을 위해 그날 밤에 기도해 줄 것을 부탁합니다. 매주 금요일에는 '학생들을 주말 내내 돌보아 달라고 '수호천사' 에게 기도를 한 후 학생들을 집으로 돌려보냅니다"(1997년 1월, M. Anderson).

앨라배마 모바일에 있는 성 이냐시오 학교의 학생들은 "나는 예수님이 우리 반 친구들과 선생님들 안에 계심을 믿으며, 나의 모든 행동으로 예수님께 존경심을 표현할 것입니다."라는 서약서를 매일 낭독하며 다른 사람들에 대한 책임을 되새깁니다.

그러므로 가톨릭 교육 지도자는 최소한 학교의 일과

가 기도로 시작되도록 해야 합니다.

교실에서의 기도

많은 가톨릭 학교에서는 매 수업을 기도와 함께 시작하는데, 이는 출석을 부르는 것만큼이나 교실에서 벌어지는 일상적인 일입니다.

교실에서 하는 기도는 학급 공동체만큼이나 다양할 수 있습니다. 기도문은 개인이 읽거나 단체로 낭독할 수 있습니다. 어떤 교사는 학생들이 서서 기도하게 하고, 어떤 교사는 학생들이 앉아서 기도하게 합니다. 기도문은 교사와 학생이 성경 구절을 발췌하거나, '주님의 기도' '성모송' 같은 전통 기도문 또는 종교 음악이나 영감을 주는 종교 독서 중에서 선택할 수 있습니다. 한 가톨릭 학교 졸업생은 매 수업을 "오, 주님"이라 외치며 비공식적인 방식으로 기도를 시작했던 교사에 대해 이야기했습니다. 이 졸업생은 건물 어디에 있든 매일 7번씩 이렇게 외치는 소리를 학생들이 들을 수 있었다고 덧붙였습니다.

애리조나 투손에 위치한 성 시릴 학교의 교사들은 교실에서 하는 기도로 학교와 본당을 연결합니다. 이에 대해 교장은 "기도는 성 시릴 학교의 일부이며, 매우 중요한 부분입니다. 교사들은 교실에서 매시간 다른 학생들을 맞이하며 그들과 함께 기도로 수업을 시작합니다. 매달 교직원들은 성경 구절에서 매일 기도에 적용할 특정한 가치를 선정합니다. 각 교실은 본당 예비자의 기도

파트너로 자원했습니다"(1997년 1월, J. Sayre).

가톨릭 교육 지도자들이 교사에게 기도를 주관하도록 요구하기 위해서는, 교사와 학생들에게 기도를 위한 도구를 제공할 필요가 있습니다. 일부 교장들은 교회 전례 시기에 따른 모든 행사 기도문이나 시험 전 기도문, 대림절, 사순절, 추수 감사절을 위한 기도문, 다양한 행사를 위한 주제별 기도문 등이 적혀 있는 교사용 기도책을 만들기도 합니다.

성 시릴 학교의 교장은 교사들에게 기도와 관련한 자료를 제공하는 것이 얼마나 중요한지에 대해 알려 주고 있습니다.

> 저는 올해 교사가 아이들과 함께 기도할 수 있는 시간을 마련하고 자신의 기도 생활을 점검하도록, 『어린이 매일 기도서』 책을 구입했습니다. 교사들은 적어도 일주일에 한 번씩 이 책을 사용하여 기도하며, 학급에서 특별한 시간을 할애할 정도로 가치 있게 여기는 의식으로 자리 잡게 하였습니다. 교사들은 신앙에 대한 자신감과 용기가 생겼으며, 함께 기도하는 시간이 자연스런 수업의 일부가 되었다고 이야기를 나누었습니다. 함께 기도하는 시간은 모두가 기도의 필요성을 느끼고 서로를 돕기 위한 시간임을 깨닫게 해 주었습니다. (1997년 1월, J. Sayre)

일상적으로 교실에서 기도를 자연스럽게 할 수 있는 가톨릭 교육자들은 더욱 확고한 가톨릭 문화를 구축해 나갑니다. 학생들이 편하게 기도할 수 있는 분위기를 조성하는 것은 가톨릭 교육자가 학생들에게 줄 수 있는 가장 멋진 선물일 것입니다.

기도는 가톨릭 학교를 완성하는 일상적 의식입니다. 기도로 시작하는 각 학교 활동에 체크 표시를 해 보세요.

_____ 조회 시간
_____ 수업 시간
_____ 학급모임
_____ 동아리 모임
_____ 교직원 회의
_____ 동문회
_____ 오픈 하우스
_____ 오리엔테이션
_____ 학부모의 밤
_____ 졸업식 만찬
_____ 교사와 학부모 만남
_____ 학교 운영위원회 모임
_____ 스포츠팀 모임
_____ 운동 시합
_____ 스포츠 축제

기타
_____ __________
_____ __________
_____ __________

위에서 체크한 항목을 확인하고, 체크 표시를 하지 않은 항목 중에서 기도로 시작해야 할 세 가지 활동을 적어 보세요.

1. __________
2. __________
3. __________

학교별 기도 방식

일부 학교에서는 기도를 마칠 때마다 학교 주보 성인이나 다른 성인에게 특별한 전구를 요청합니다.

로드아일랜드 프로비던스의 라살(LaSalle) 아카데미에서는 대부분의 기도를 "성 요한 바티스트 드 라살이여, 우리를 위해 빌으소서"로 마무리합니다. 펜실베이니아 이리의 카테드랄 프렙(Cathedral Prep)의 기도는 보통 "준비의 여왕 마리아여, 우리를 위해 빌으소서"로 끝냅니다. 일부 학교에서는 해당 학교에 특별한 의미가 있는 특정 기도문을 암송하기도 합니다. 캘리포니아 샌프란시스코의 성 이냐시오 칼리지 프렙(St. Ignatius College Prep)에서는 학생들이 성 이냐시오의 "관대함을 위한 기도"를 암송합니다. 이 기도는 학생들이 신입생 오리엔테이션에서 처음 배우며 마지막 졸업식 때 바치는 기도입니다. 마찬가지로 네브래스카 오마하에 있는 머시 고등학교에서는 가경자 캐서린 맥컬리(Catherine McAuley) 수녀의 "수쉬프"(Suscipe: 받으소서)에 특별한 의미를 부여합니다.

코네티컷 워터베리에 있는 성 마리아 학교의 교장은 매일 아침 성녀 데레사에게 바치는 9일 기도를 통해 학교 공동체를 이끕니다. 교장에 따르면, "성녀 데레사에게 바치는 9일 기도의 힘은 워터베리 지역 전체에 알려져 있으며, 이는 성녀 데레사의 기도 카드에 대한 수요와 특별한 기도를 요청하는 횟수에서 알 수 있습니다. 우리 학생들과 그 가족들은 9일 기도를 할 때 매일 기적이 일어난다는 것을 알고 있습니다. 우리는 학생들에게 기적을 위해 기도하고 기적을 기대하는 것뿐만 아니라 기적을 확인하도록 요청합니다. 성 마리아 학교 공동체는 수년 동안 소화 테레사에게 바친 9일 기도가 주는 힘을 진정으로 목격했습니다"(1997년 1월, M. Josephs).

수도회나 대중 기도와 관련된 성인이 없는 학교의 경우, 가톨릭 교육 지도자는 학교 공동체를 참여시켜 학교별 기도문을 정해야 합니다(그림 11).

〔그림 11〕
학교 기도문 만들기

캘리포니아 성 마태오의 주니페로 세라 고등학교

캘리포니아의 사도인 주니페로 세라(Junipero Serra)신부를 기리기 위해 붙여진 주니페로 세라 고등학교는 1944년에 성 마테오 카운티에 설립된 남학생 고등학교입니다. 이 학교는 설립 초기부터 교구 사제들과 평신도들이 교직원으로 근무해 왔습니다. 1980년대 초, 학교의 지도자들은 2년 동안 학교의 가톨릭 정신을 공고히 하고, 주니페로 세라 학교에서 초점을 두고자 하는 기도문을 작성하기 위해 노력했습니다. 학교의 교훈인 "도중에 죽더라도 다시는 돌아가지 않겠다"는 주니페로 세라의 개인 모토인 "항상 앞으로"(Siempre Adelante)를 기반으로 학교의 기도문으로 사용되고 있습니다.

주니페로 세라 학교의 기도문

"주 하느님! 당신께서는 우리의 재능과 능력 등 모든 선한 것을 주셨나이다. 역경이 닥치더라도 이 선물을 지켜 나갈 수 있게 도우시고, 공동체와 함께 어려움을 헤쳐 나갈 수 있도록 도와주소서. 필요하다면 고통과 실망에 대처할 수 있게 도와주소서. 그리고 우리의 노력에 함께하소서. 주니페로 세라의 도움 안에서, 우리가 가던 길을 결코 멈추지 않게 하소서. 오늘 우리의 삶이 헌신을 통해 내일을 위한 믿음과 생명의 열매로 자라게 하소서. 우리 주 그리스도를 통하여 비나이다. 아멘.

캘리포니아의 사도, 성 주니페로 세라여, 우리를 위해 빌으소서."

다문화를 위한 기도

가톨릭의 핵심적 가치가 그 어떤 문화에도 얽매이지

여러분의 학교는 학생들이 어떻게 다양한 문화의 기도와 예배를 경험하고, 그 안에서 재현되는 다양한 신앙 전통을 받아들이는지 이야기를 나누어 보세요.

____

____

____

학교 공동체가 기도 생활에서 다양한 문화와 신앙 전통을 더 많이 수용할 수 있는 세 가지 방법을 제안해 보세요.

1. ______________________
2. ______________________
3. ______________________

않는 보편성과 포용성임을 고려한다면, 모든 가톨릭 학교는 학생들이 여러 문화를 대표하는 기도와 예배에 익숙해지도록 노력해야 합니다. 예를 들어, 미네소타 레드 레이크의 성 마리아 미션 스쿨은 기도에 아메리카 원주민의 전통을 통합하여 거행합니다. 그래서 주간 기도 모임은 오지브웨 부족에 등록되어 있는 학교 총무가 약초 잎을 뿌리는 정화 의식을 거행하는 것으로 시작됩니다. 특별한 날에는 담배를 피우며 탄원하거나 네 방향으로 신앙 선언을 하는 예식이 추가되기도 합니다.

예식적인 의식

예식적인 의식은 핵심 가치를 표시하고 거행하는 특별한 행사입니다. 예식은 이정표를 의미하며, 특히 화려하고 극적인 요소로 가득 찬 "신성한 특성"을 지니고 있을 때 강력한 효과를 발휘합니다(Trice & Beyer, 1993, p. 110). Deal과 Peterson은 "표현적인 행사가 없다면 어떤 문화도 사라질 수 있다"고 주장합니다(1982, p.63). 동시에 이들 학자는 "이러한 특별한 행사는 과거·현재·미래를 하나로 묶어 준다. 조직에 대한 헌신을 강화하고 앞으로 다가올 도전에 대한 활력을 불어넣는다"며 의식의 중요성에 대해 확신합니다(1999, pp.94~95).

가톨릭 문화

의식을 거행하고 예식을 통해 기억하는 것은 가톨릭의 상상력을 특징짓는 요소입니다. 예식은 교회의 전례 시기를 돋보이게 합니다. 특히, 대림시기는 성탄 예식에서 정점을 이루고 사순시기는 부활을 위한 성삼일 예식에서 정점을 이룬다는 것에 주목할 만합니다. 매년 5월에 거행되는 복되신 동정 마리아께 화관을 씌우는 예식도 가톨릭의 시기별 전례의 또 다른 예가 됩니다.

또한 교회 전례 시기를 강조하는 예식은 가톨릭 신자의 삶에서도 중요한 이정표가 됩니다. 음악, 행렬, 의상, 상징, 드라마, 성찬식 그리고 일곱 성사의 거행은 개인과 교회 공동체를 더 깊은 차원의 의미, 목적, 공유 가치로 연결함으로써 인간 삶의 중요성을 전달합니다.

학교 문화

학교의 행사는 학교의 핵심 가치를 보여 주고 기념하는 특별한 순간입니다. 이러한 행사는 과학 박람회, 성탄 축제, 반지 수여식, 스포츠 축제, 학업 시상식, 종교 행사, 장기자랑, 연극대회 등 다양한 형태로 이루어집니다. 학교의 문화를 구축하는 데 있어 중요한 것은 학교의 이상을 반영하는 행사가 되게 하는 방식입니다.

의심할 여지 없이, 학교 졸업식은 학교의 모든 것이 무대 중심을 차지하는 최고의 공개 행사입니다. 풍부한 상징성과 화려함이 조화를 이루는 잘 준비된 졸업식은 극적

가톨릭 의식과 종교적 기념일은 가톨릭의 상상력을 자극합니다. 학교 공동체가 특별히 기념하는 종교적 축일을 찾아보고 체크 표시를 해 보세요.

_______ 과달루페 성모 축일
_______ 성 니콜라스 축일
_______ 성탄 축제
_______ 파스카 만찬
_______ 성모성월
_______ 성탄 9일 기도
_______ 모든 성인의 날
_______ 주보 성인 축일

_______ 기타
_______ ___________
_______ ___________
_______ ___________

위에서 체크 표시한 사항을 확인하고, 현재는 기념하지 않지만 향후 기념을 계획하는 축제나 기념일은 어떤 것이 있는지 논의해 보세요.

1. ___________
2. ___________
3. ___________

학교의 종교적 예식 거행에 있어서 다문화적 차원을 강화하기 위한 제안을 세 가지로 적어 보세요.

1. ___________
2. ___________
3. ___________

효과를 기대하는 인간의 욕구를 충족시키며 학교가 지닌 가치를 충실히 전달할 수 있게 만듭니다.

가톨릭 학교 문화

학교가 소중히 여기는 가치가 예식을 통해 드러나기에, 가톨릭 학교는 예식을 종교적 사명과 연결하는 것이 반드시 필요합니다. 다시 말해, 종교적 사명은 이러한 예식을 통한 과정으로 분명히 전달되어야 합니다. 종교적 문화와 밀착된 예식은 가톨릭 학교가 무엇을 중요하게 여기고 혹은 무엇을 중요하게 여기지 않는지를 말해 줍니다.

문화 건축 계획:
복음 가치와 종교적 사명을 드러내기 위한 예식적 의식의 활용

가톨릭 학교는 성사적 인생관에서 비롯된 '신앙 공동체'의 구축을 통해 '복음 문화'를 전달하는 것이 필수적입니다. 문화의 건축가로서 가톨릭 교육 지도자는 가톨릭 학교의 '생활 방식'에 가톨릭 의식과 여러 종교적 기념일을 통합할 필요가 있습니다.

종교적 축제나 기념일 및 여러 기념행사

가톨릭 학교의 연간 계획에는 전례력과 연계하여 종교 예식과 기념일을 특별히 기억하는 일정을 포함해야 합니다. 또한 교장은 성 니콜라스 축일과 같은 유명한 축일 외에도 학교에 특별한 의미가 있는 성인의 축일을 기념하도록 고려해야 합니다.

가톨릭 교육 지도자들은 인기를 되찾고 있는 가톨릭의 전통 의식인 5월의 성모 성월 행사를 간과해서는 안 됩니다.

펜실베이니아 이리의 빌라 마리아(Villa Maria) 아카데미의 "마리아의 날"은 졸업 학년의 마지막 날로, 학생들이 가장 기대하며 감사를 표현하는 날입니다. 이날 졸업 학년은 5월의 여왕과 호위병, 5월의 의장대 구성원을 선출합니다.

마리아의 날은 예식을 통해 빌라 마리아의 주보 성인을 기리며 동시에, 사랑을 실천하는 행위를 통해 마리아를 기념하기도 합니다. 성모 마리아의 날에는 학생들이 가장 좋은 옷을 입고 반 친구를 비롯한 동료들과 선생님에게 훈훈한 감사의 편지를 보내는 것이 관례입니다. 마리아의 날 아침은 학생들이 담임의 우편함에 우편물을 배달하는 것으로부터 시작됩니다. 그런 다음 전교생들은 성모 마리아의 날 모임에 참석합니다.

이 모임에서 졸업반 학생들은 특별한 프로그램을 선보이며 작별 인사를 합니다. 일부 졸업반 학생은 후배 학생들과 함께 공연을 하기도 합니다. 이 모임에서는 졸업반 학생들의 지난 4년의 세월을 돌아보는 영상이 상영됩니다. 그리고 지도자와 함께 신입생, 2학년, 3학년 등을 위한 특별한 노래와 축복이 이루어집니다. 이 모임을 통해 전체 학생은 감격하며 감동을 얻습니다. 모임 후에는 학생들이 직접 구운 시나몬 롤과 주스로 이루어진 아침 식사를 하며, 편지나 메모를 읽습니다.

아침 식사 후에는 하루의 정점인 5월의 대관식이 이어집니다. 학부모와 졸업생들로 가득한 강당 무대 위 마리아 동상에는 꽃이 만발합니다. 복도에서는 전교생이 조용하고 엄숙하게 촛불을 들고, 어두운 홀을 지나 강당으로 향하는 졸업생 선배들을 영광스럽게 맞이합니다.

모두가 자리에 앉으면 긴 흰색 드레스를 입은 소녀와 정장을 한 차림에 넥타이를 맨 호위병과 5월의 의장대가 무대로 나와 성경 구절을 낭독하고, 오월의 여왕과 의장대의 연설에 이어 모두가 아베 마리아 노래를 부르며 대관식을 거행합니다. 마지막으로 5월의 의장대가 환영회를 위해 강당에서 체육관으로 이동하면 의식은 마무리됩니다.

다양한 문화적 고려

가톨릭 신자들이 문화적 화합을 위해 의무감을 지니며 일하도록 가톨릭교회의 다문화적 특성을 강조한 제2차 바티칸 공의회(제2차 바티칸 공의회, 「사목헌장」, 1965d/2008, 42항)는 가톨릭 교육 지도자들이 문화적 인식을 높이기 위해 모든 노력을 기울여야 한다고 제안합니다. 이를 위해 교장은 종교적 축일이나 기념일을 거행할 때 다문화적인 접근 방식을 취해야 합니다.

캔자스 위치타에 있는 성 패트릭 학교에는 재학생 중 37%가 히스패닉계 학생입니다. 교장은 "매일같이 다양성은 선물이자 성장을 위한 특별한 기회라며 공동체에 전달합니다"라고 말합니다(1997년 1월, D. Wilson). 공동체는 적어도 '과달루페 성모 축일'과 '싱코 데 마요'[5] 기념일에는 전교생이 스페인어로 미사를 봉헌하게 합니다. 그리고 과달루페 사건의 의미를 더하기 위해 스페인 무용수들이 공연하고 연사들이 강연을 합니다. 또한 전통 멕시코 음악 밴드인 마리아치(Mariachis)가 출현해 미사와 점심 식사 동안 음악을 제공합니다.

애리조나 투손의 성 시릴 학교 공동체는 남미의 전통인 성탄 9일 기도(Las Posadas)를 함께 거행합니다. 학교 공동체 전체가 이웃에 있는 각각 다른 세 개의 집으로 걸어가 문을 두드립니다. 마지막으로 교회 문을 두드릴 때면, 모두가 성탄 장면을 묘사하는 노래를 스페인어로 부르고 학생들은 스페인어와 영어로 글을 읽습니다. 그런 다음 마리아치 밴드는 축제 분위기를 조성하기 위해 춤을 추며 사람들을 교회에서 마당으로 이끌어 내고, 사람들은 피냐타스(piñatas)를 부수며 식사를 나눕니다.

애리조나 투손에 있는 성 하비에르 미션 스쿨에서 하는 산 이들과 죽은 이들을 위한 기도는 아메리카 원주민 공동체인 토호노 오담 부족에게 삶의 중심이 됩니다. 부모와 친척의 장례를 앞두고 그들의 삶을 기억하는 순간에 교장은 학생들을 합창단의 일원으로 초대합니다. 노래는 북과 방울 악기를 사용하는 아메리카 원주민의 가락으로 부릅니다. 마찬가지로, 성 시릴 학교의 한 학생의 삼촌이 죽임을 당했을 때도 5~8학년 학생들은 그 가족을 위한 특별한 의식을 계획했습니다. 그리고 새 생명의 상징으로 교회 입구 근처에 심을 나무를 구입했습니다.

인생의 이정표를 기념하는 가톨릭 전통에 따라 성 시릴 학교의 학생들은 부모의 결혼일을 기념합니다. 한 학교 전례에서는 두 학생의 조부모가 50주년 결혼기념일 축하를 받으며 결혼 서약을 갱신했습니다. 손자 손녀들이 선물의 전달자가 되어 조부모에게 꽃을 선물했습니다. "이것은 모든 아이에게 헌신의 의미를 보여 주는 멋진 표시였습니다"(1997년 1월, J. Sayre).

학교의 연간 계획은 이정표나 업적을 기념하는 특별한 행사로 채워져야 합니다. 종교적 주제를 통합하여 가톨릭의 성사적 세계관을 강화합니다.

학교의 종교적 사명과 이러한 행사를 언제, 어떻게 연결하는지 이야기해 보세요.

____

이러한 것에 대한 연결을 강화할 수 있는 방법을 제안해 보세요.

____

졸업식과 학교의 여러 행사에서 강조하는 종교적 사명

학기 중이나 학생과 교직원의 삶에서 이정표를 기념하는 행사는 가톨릭 학교가 공동체 구성원들의 종교적 사명과 다시 연결될 수 있는 기회를 제공합니다. 이는 학생과 학교 공동체의 신앙과 삶이 통합될 수 있도록 의도적으로 이루어집니다. 예를 들어, 가톨릭 학교에서는 일반적으로 새 학기가 시작될 때마다 '미사'를 통해 '성령'께서 학교 공동체에 생명을 불어넣어 달라고 간청합니다. 같은 맥락에서 일부 가톨릭 학교에서는 기도 봉헌이나 감사 미사로 학년을 마무리하기도 합니다. 종교적 주제는 반지 예식과 같은 다른 연례행사에 통합할 수도 있습니다.

인디애나 인디애나폴리스에 있는 론칼리(Roncalli) 고등학교 공동체는 학생 조직에서 선출되거나 임명된 임원뿐 아니라 학생의 리더에게 권한을 부여하는 행사로 봄, 가을, 겨울에 기도회를 개최합니다. 종교적 강조가 없는 학교의 세속적인 의식은 신앙과 삶을 연결할 수 있는 기회를 놓치게 됩니다.

캘리포니아 샌프란시스코에 있는 성 가브리엘 학교 공동체는 학기 중 중요한 행사를 학생이 계획하고 학생이 주도하는 전례 안에서 거행합니다. 여기에는 학생회 임원 임명식이 포함된 개학 미사, 자비의 수녀회의 학교로서 성 가브리엘 성인의 유산을 기념하는 자비의 날, 추수 감사 전례와 함께하는 조부모의 날, 성탄 방학을 맞아 거행하는 성탄 이야기 전례, 성주간 십자가의 길, 8학년 학생과 가족을 위한 졸업 미사 그리고 학기 마지막 날 학생들이 지난 1년 동안의 축복에 감사하고 다음 학년 교사들과 함께 성당 내 새로운 자리로 이동하는 '이동 예식' 등이 있습니다.

다른 학교 공동체와 마찬가지로 로드아일랜드 웨이크필드에 있는 프라우트의 학생과 교직원들은 매년 영성 주간(Spirit Week)을 거행합니다. 특별한 의상을 착용하는 이벤트로 구성된 영성 주간은 학생과 교사들이 잠시 일상에서 벗어나 학업적·영적·육체적·창조적으로 성장한 자신을 축하할 기회를 제공합니다. 무엇보다, 한 해의 마지막 분기가 시작될 때는 열정적이며 친화적인 분위기가 학급 간의 경쟁으로 고조됩니다. 영성 주간의 주제는 학교의 가톨릭 유산과 종교적 사명을 대변합니다. 예를 들어 어느 한 해의 주제는 '공동체'였습니다. 그해 영성 주간에 제시된 질문은 "프라우트 공동체를 구축하기 위해 무엇을 해야 할까요?"였습니다.

종교적 사명과 연결시킬 수 있는 학교 행사를 찾아보세요.

____

이러한 목표를 이루기 위해 취해야 할 방식을 세 가지로 적어 보세요.

1. ________________
2. ________________
3. ________________

졸업식 — 종교적 문화의 통합

졸업식은 학교 문화를 보여 주고 기념하는 예식적인 의식의 정점입니다.

많은 가톨릭 학교에서 졸업식은 종교적 사명과 연계되어 있습니다. 일부 가톨릭 학교에서는 미사와 통합하여 졸업식을 진행하지만, 대다수의 학교에서는 종교 행사, 학사 학위 수여 미사 그리고 별도의 졸업식으로 구성합니다. 후자의 경우, 가톨릭 문화의 건축가로서 가톨릭 교육 지도자의 의무는 학교의 가톨릭 정체성이 가장 중요한 행사로 주목받는 졸업식에서 명확하게 전달되도록 하는 것입니다.

가톨릭 교육 지도자는 졸업식의 다양한 특성을 활용하여 학교의 종교적 정체성을 드러낼 수 있습니다. 대표적으로 행렬이 그 예가 될 수 있습니다. 여기에는 미국이나 바티칸 국기를 든 기수와 함께 십자가를 든 의장대가 포함될 수 있습니다. 상을 주는 것은 학교의 종교적 사명, 특히 그 가치를 전달하는 데 있습니다(제4장 참조).

아마도 졸업생보다 학교의 사명을 더 잘 표현할 수 있는 사람은 없을 것입니다. 펜실베이니아 이리의 카테드랄 프렙에서는 학교의 사명을 설명할 수 있는 능력에 따라 학생 연사를 선발합니다. 아담 트램블리(Adam Trambley)는 1989년 졸업식에서 다음과 같이 졸업 소감을 나누었습니다.

> 네, 우리에게는 엄청난 문제가 있습니다. 우리 졸업생들의 임무는 오래된 문제에 얽매이지 않고 새로운 해결책을 찾는 것입

니다. 도덕적·정치적·경제적 공동체의 미래 지도자인 우리가 해결책을 찾을 수 있는 곳은 어디입니까? 제 생각에 우리가 답을 찾을 수 있는 곳은 바로 예수 그리스도의 복음입니다. 그곳에서 예수님은 온유하고, 자비롭고, 성실하며, 평화를 추구하는 이들이 복을 받을 것이라고 말씀하십니다. 예수님은 바리사이들에게 주목을 받지 못하고 심지어 십자가에 못 박히더라도 옳은 일을 옹호하라고 말씀하십니다. 거기서 우리는 세상을 변화시키고 그리스도의 메시지를 세상에 전파하는 데 도움이 되는 세상을 위한 빛과 소금이 되어야 합니다.

우리는 "생명을 사랑하고 자신과 타인의 생명을 존중하십시오. 죽음의 일이 아니라 생명을 위한 봉사에 자신을 바치십시오"라고 말씀하시는 교황 요한 바오로 2세의 가르침을 따라야 합니다. 또한 "내가 너희를 사랑한 것처럼 너희도 서로 사랑하라"는 예수님의 계명을 기억해야 합니다. 우리가 이런 일을 할 수 있다면, 미국 주교들이 「평화의 도전」에서 "우리는 주님께서 완벽한 세상이 아니라 보다 나은 세상을 바라시기에, 밝은 미래를 꿈꾸는 용기를 지녀야 합니다. 인간의 손과 마음과 정신이 더 나은 세상을 만들 수 있습니다"라고 주장한 낙관론이 올바른 것입니다. (1989, p.33)

마지막으로 교장은 각 졸업생에게 성경, 가톨릭 교리서, 그리스도의 성상이나 사진, 학교의 이름이나 주보 성인, 학교와 관련된 종교적 상징이나 기념비 등의 종교적 상징물을 선물할 수 있습니다. 마찬가지로 학급 지도 교사는 졸업장을 수여할 때 각 졸업생의 배경과 약력을 읽으며 각 학생이 학교의 종교적 사명을

여러분 학교의 졸업식에 관한 이야기를 나누어 보세요.

- 학교의 주요 행사에서 학교의 종교적 목적을 어떻게 전달할 수 있을까요?
- 학교의 종교적 목적에 익숙하지 않은 방문객은 졸업식을 구성하는 다음의 요소를 어떻게 받아들일까요?
  ..... 행렬
  ..... 포상
  ..... 강연
  ..... 음악
  ..... 졸업생 선물
  ..... 전통

졸업식에서 학교의 종교적 목적이 두드러지게 만들 수 있는 세 가지 방법을 제안해 보세요.

1. ____________________
2. ____________________
3. ____________________

모범적으로 수행한 방식을 축하하는 맞춤형 졸업식으로 구성할 수 있습니다. 이처럼 다양한 표현을 통해 가톨릭 교육 지도자들은 가톨릭 문화의 건축가로서 졸업식이라는 공개적인 드라마에서 학교의 종교적 정체성을 드러냅니다.

소 결 론

일상적인 의식이 문화적 가치를 일깨우는 역할을 하고 가톨릭 학교 문화가 삶의 방식으로 간주된다면, 가톨릭 문화의 건축가인 가톨릭 교육 지도자들은 일상적인 의식을 통해 기도와 예배를 증진하여 학교의 삶의 방식과 통합해 나가야 합니다.

예식적인 의식은 핵심 가치를 보여 주고 기념하는 이야기형의 특별한 행사로, 극적 화려함으로 이정표를 제시합니다. 가톨릭 문화의 건축가로서 가톨릭 교육 지도자는 예식적인 의식을 통해 복음의 가치와 학교의 종교적 사명을 보여 주어야 합니다.

제 7 장

인간의 의사소통

● 인간의 의사소통

인간의 소통 방식은 사람들이 자신의 생각과 가치를 공유하고 삶의 의미와 목적을 부여하는 수단이기 때문에 문화를 구성하는 데 매우 필요한 요소입니다. 특히, 인간에게 이러한 실질적인 문제를 공유하는 가장 효율적이고 효과적인 방법 중 하나는 언어를 통해 "이야기하는 것"(storytelling)입니다. 좋은 이야기는 영감을 주고 의미와 목적이 있는 공동체에서 사람들을 하나로 묶는 이상적 가치를 강화할 수 있습니다.

언어

페르디낭 드 소쉬르(Ferdinand de Saussure, 1857~1913)는 약

1세기 전에 언어가 의사소통과 이해를 촉진하는 기호 체계라는 점에서 인간의 말보다 더 큰 범주에 있다고 주장했습니다(Davis & Schleifer, 1994). 학자들은 최근 수십 년 동안 조직 문화에 대한 연구에서 이러한 통찰력을 활용했습니다(Deal & Kennedy, 1982; Deal & Peterson, 1990; Bolman & Dea1, 1991; Schein, 1992; Trice & Beyer, 1993).

언어와 조직 문화 사이의 연관성은 아무리 강조해도 지나치지 않습니다. 우선, 언어는 집단 내 소통과 이해를 증진시킬 수 있습니다. 또한 언어는 은유, 슬로건과 모토, 전문 용어, 노래와 찬가, 제스처 등을 사용하여 사람들이 조직의 가치에 관심을 두게 함으로써 그들의 태도 형성에 영향을 줍니다.

가톨릭 문화

가톨릭은 문화를 정의하는 언어로 가득 차 있습니다. 예를 들어, 제2차 바티칸 공의회는 세상과의 관계에서 교회를 설명하는 언어 체계를 마련했습니다. 교회를 "하느님의 백성"으로 정의한 이 언어는 초기 그리스도교의 소명에 대한 시각, 즉 세상에서 자신의 증언을 통해 구원의 복음을 선포하는 평신도의 소명을 새롭게 했습니다(제2차 바티칸 공의회 문헌, 「교회헌장」, 1965b/2022, 10항). 마찬가지로 '미사', '본당'과 같은 전문 용어나 '신부님' '거룩한 이'(Your holiness)와 같은 호칭은 가톨릭 고유의 용어입니다. 흥미롭게도 종교적 문해력 테스트에 따르면 가톨릭 신자들은 '파스카 신비' '무류성' '원죄 없는 잉태' 등의 용어를 포함하여 일부 가톨릭에서 사용하는 용어를 정의하는 데 어려움을 겪는 것으로 나타났습니다(Cook, 1991, p.86).

미국에서 언어는 감정적으로 민감한 주제입니다. 가톨릭 공동체 내에서 이러한 논쟁의 대부분은 특히 독서에서 포용적인 언어를 사용하는 것에 초점을 맞추고 있습니다. 개정된 독서에는 더 포용적인 언어가 사용되었습니다. 또한 노래와 성가에 사용되는 언어는 가톨릭 전례와 신앙생활에 영향을 미쳤습니다.

비언어적(nonverbal) 언어도 가톨릭 문화에 널리 퍼져 있습니다. 가톨릭 신자들은 기도의 표시로 성호경을 긋습니다. 마찬가지로 가톨릭 신자들은 성찬례에서 경외의 표시로 무릎을 꿇고 인사를 합니다.

학교 문화

교육 분야에는 해당 영역에 종사하는 사람들만 이해할 수 있는 용어가 많이 있습니다. 이러한 용어에는 학습 스타일, 진정한 평가, 마그넷 학교, 능동적 학습, 위기 학생 등이 있습니다. 교육 용어는 때로 약어로 사용되는 데, 사람들이 LD(학습 장애) 또는 ADD(주의력 결핍)만 말해도 이 분야에 있는 사람들이라면 충분히 이해할 수 있습니다. '공장' '베이비시터' '쇼핑몰' '가족'과 같은 은유적 표현은 여러 세대에 걸쳐 학교를 설명하는 데 사용되어 왔습니다(Ryan & Cooper, 1995).

Sergiovanni(1994a,b; 1995a,b)는 학교가 사람들의 사고방식을 형성하기 때문에 학교에 대해 사용해야 할 우선적인 은유적 표현은 '공동체'가 적절하다고 결론을 내리며, 언어가 학교에 미치는 영향에 관해 설명합니다. Sergiovanni는 계약에 의해 지배되는 계층화된 조직과 달리, 공동의 목표를 향해 함께 일하는 사람들을 하나로 모으는 관계에 의존하는 공동체는 개인적인 약속을 중심으로 구축된다고 주장합니다. 공동체에서는 '나'라는 개념보다는 '우리'라는 개념이 더 강합니다. 상호 의존성은 구성원들이 자기 이익이 아닌 공동의 목표를 향해 나아가도록 합니다. Sergiovanni는 "만일 갱단이 학생들에게 필요한 공동체 의식을 제공함으로써 가족과 이웃을 대체한다면, 학교는 학생들에게 더 의미 있는 공동체 의식을 심어 주어 갱단을 대체하는 환경을 조성해야 합니다"(1994a, p.xiv)라고 강조하였습니다.

교육에서의 비언어적 의사소통은 학교만큼이나 오래되었습니다. 예를 들어, 학생들은 어릴 적부터 수업 시간에 말하고 싶으면 손을 들어 교사의 지명을 받아야 한다는 것을 배웁니다. 마찬가지로 거의 모든 교사는 학생들이 말을 멈추고 학습에 집중해야 할 때를 알리는 비언어적 신호를 보냅니다.

가톨릭 문화

가톨릭 문화와 학교 문화가 만나는 교차 지점에서 가톨릭 학교는 '복음 문화' '신앙 문화' '신앙 공동체' 또는 '관계의 문화'로 다양하게 묘사되는 혼합된 문화의 특징을 드러냅니다. 가톨릭 교육 지도자가 전달하는 메시지와 이러한 메시지를 전달하기 위해 사용하는 언어가 학교를 가톨릭 학교답게 드러내도록 지원하고 강화해야 할 필요가 있습니다.

문화 건축 계획:
복음 가치와 종교적 사명을 전달하기 위한 언어 사용

Sergiovanni는 지도자가 상징적 리더십을 발휘하는 방법에 대한 논의에서 언어와 의사소통의 중요성을 강조합니다:

> 상징적인 리더는 말과 본보기를 통해 자신의 진취(vision)적 감각을 전달할 수 있습니다. 그들은 쉽게 이해하면서도 새롭고 독창적이며 흥미를 일으키는 상징적 언어를 사용합니다. 이러한 노력은 학교 내의 사람들이 이러한 비전을 경험하고 학교에 대한 주인의식을 심어 주며 목적의식을 가질 수 있는 기회를 제공합니다. (1995a, p.89)

Deal과 Peterson(1990)은 "교장이 학교나 학생에게 이야기할 때 사용하는 단어, 이미지, 올바른 원칙은 아이디어뿐만 아니라 정서를 전달한다"는 점에서 시인의 역할에 비유합니다(pp.25~26).

가톨릭 교육 지도자는 언어 사용을 통해 이러한 역할을 수행해야 할 의무가 있습니다. 가톨릭 교육 지도자는 메시지를 전달할 뿐만 아니라 메시지를 시작할 수도 있습니다. 이러한 점에서 가톨릭 교육 지도자는 시인일 뿐만 아니라 학교의 전문 언어를 결정하는 데 중추적인 역할을 하는

'언어 중개자'이기도 합니다. 이들은 구두 언어 혹은 비구두의 언어를 통해 학교의 핵심 가치와 종교적 사명에 대한 관심을 지속적으로 환기시켜 학교 공동체가 이를 잊지 않도록 해야 합니다.

단어의 선택: 은유와 전문 용어

공립학교를 설명하는 데 널리 사용되는 교육적 은유나 전문 용어 두 가지를 적어 보세요.

1.____________________
2.____________________

위의 용어들을 학교의 종교적 사명을 명확히 하는 은유 또는 전문 용어로 바꾸어 보세요.

1.____________________
2.____________________

학교에서 바꾸어서 사용할 수 있는 용어나 문구 두 개를 추가로 제시해 보세요.

1.____________________
2.____________________

단어 선택을 통해 용어를 간단히 수정하는 것만으로도 가톨릭 학교의 사명과 공립 및 사립 학교의 사명을 명확히 구분할 수 있습니다. 예를 들어 가톨릭 학교를 비유할 때 '공동체' 대신 '신앙 공동체'를 사용하면 종교적 사명을 더 명확하게 드러낼 수 있습니다. 마찬가지로, '공동체 봉사' 대신 '신앙인의 봉사'를 사용하면 가톨릭 학교의 봉사가 복음의 명령에서 비롯된 것임을 명확히 알 수 있습니다. 또한 가톨릭 학교에서는 전문 용어가 된 약어와 같은 언어 단축키를 사용합니다. 익숙한 약어 중 하나는 수십 년 전 가톨릭 학교 규율을 설명하기 위해 학생들이 만든 '하늘 아래 정의'(JUG: Justice Under God)와 같은 것입니다

버지니아 알렉산드리아에 있는 블레스드 새크라멘트 학교의 유아 센터 원장은 채용 면접을 할 때 지원자에게, '직업' 대신 '사목'이나 '소명'과 같은 용어를 사용합니다. 한 지원자는 블레스드 새크라멘트 학교의 교사들이 하는 일에 대해 새롭고 깊은 감사를 느꼈다고 말했습니다. 교원으로서 함께 해 달라는 초대를 받았을 때, 지원자는 단지 직업이 아니라 그보다 훨씬 위대한

일을 하기 위한 일부가 되어달라는 요청을 받고 있다는 것을 느끼며 숙연해졌다는 경험을 나누었습니다.

또한 교장은 블레스드 새크라멘트가 가톨릭 학교라는 것을 알리는 언어를 사용합니다. '이달의 미덕'을 '이달의 그리스도인 미덕'으로, '공동체 봉사'를 '그리스도인의 봉사'로, '부적절한 행동' 대신 '그리스도인답지 않은 행동'으로 바꾸어 사용합니다. 뿐만 아니라, '교실 규칙'은 '진복 팔복 및 가톨릭교회의 사회적 가르침'으로, '종료 시간' 대신 '그리스도인의 성찰' 또는 '양심의 점검'과 같은 용어를 선택합니다.

슬로건과 모토

많은 가톨릭 학교는 슬로건과 모토를 사용하여 학교의 학문적 목적과 종교적 사명을 연결하며 학교가 거룩하게 여기는 것을 보여 줍니다. 예를 들어, 루이지애나 메로에 있는 한난 대주교(Archibishop Hannan) 고등학교는 학교 운영의 원칙으로 '완전함으로 가는 자선'(Caritas Vinculum Perfectionis)이라는 모토를 강조하고 있습니다. 이러한 강조는 학생들에게 삶의 모든 측면에 스며들어야 하는 것이 무엇인지 인식하도록 초대합니다.

오하이오 영스타운에 있는 성 크리스틴(St. Christine) 학교의 모토는 공모전을 통해 얻어진 것입니다. "하느님의 가족, 배움의 환경 성 크리스틴 학교"는 뉴스 기사나 브로셔, 학교 문구류에 등장합니다. 로드아일랜드에 있는 성 로코(St. Rocco) 학교의 모토는 학교의 사명을 간결하게 표현한 "그리스도의 사랑 마음 나누기"라는 문구입니다. 이 모토는 학교

학교의 슬로건이나 모토가 학교의 종교적 사명을 어떻게 나타내는지 설명해 보세요.

____
____
____
____

학교의 종교적 사명과 연결하여 학교 프로그램 또는 활동을 드러낼 수 있는 슬로건이나 모토를 만들어 보세요.

____
____
____
____

의 종교적 사명을 지속적으로 상기시키도록 건물 전체와 학교 간행물의 눈에 잘 띄는 곳에 쓰여 있습니다.

미시시피의 베이 세인트루이스에 있는 모든 학교에서는 "우리 아이는 우등생입니다"라는 자동차 범퍼 스티커를 배포하였는데, 이에 대해 일부 학부모는 베이 가톨릭 초등학교는 왜 범퍼 스티커를 배포하지 않는지에 의문을 제기했습니다. 결국 학교 공동체는 "베이 가톨릭 학교의 모든 학생은 정직합니다"라는 종교적 사명과 통합된 범퍼 스티커를 개발하여 배포했습니다.

네브래스카 오마하의 머시 고등학교는 "미래를 위한 믿음"이라는 슬로건을 내걸고 다년간 수백만 달러의 기금을 모으는 캠페인을 진행하였습니다. 이 슬로건은 기금을 모으는 캠페인과 학교의 종교적 사명 및 정체성을 연결하기 위해 의식적으로 제작되었음을 보여 줍니다.

제스처: 몸짓

가톨릭 전통을 반영하는 가톨릭 학교의 기도는 십자가 성호로 시작해야 합니다. 캘리포니아 랜초 산타마가리타의 산타마가리타(Santa Margarita) 가톨릭 고등학교의 교장은 학교 문화와 통합된 제스처에 대해 설명합니다.

산타 마가리타 가톨릭 고등학교 학생들이 9학년 오리엔테이션에서 처음 배우는 학교 관습 중 하나는 어른, 특히 손님이 교실에 들어올 때 기립하는 것입니다. 이 학교 관습은 명예/존중(1베드 1,17)과 환대(1베드 4,9; 로마 2,13)라는 성경적 덕목에서 비롯되었습니다. 이 간단하지만, 어른과 손님이 교실에 들어올 때 기립하는 태도는 학생들에게 어른을 공경하고 손님을 환대할 수 있는 많은 기회를 제공함으로써 복음의 가치를 지속적으로 강화합니다. 우리 캠퍼스를 방문하는 손님들은 학교의 관습인 몸짓을 접할 때 얼마나 대단하고 놀라운 감정을 느꼈는지 종종 이야기합니다. (1999년 6월, M. Hemenway)

노래와 찬가

사람들로부터 많은 사랑을 받았던 홀리데이 클래식인 '성모 마리아의 종'에 나오는 학교의 노래만 들어봐도, 학교에 애정을 표현하는 교가의 힘을 알 수 있습니다.

루이지애나 메로의 한난 대주교 고등학교에서는 매년 학교장과 교직원들이 학생들과 함께 노래 가사가 학교 공동체의 삶에 어떤 의미를 주는지 돌이켜봅니다. 교장은 "우리가 강조하는 것은 신자 그룹을 양성하는 데 있어 학교, 나아가 교회라는 기관이 중심이 되어야 한다는 점입니다. 학교는 우리가 가톨릭 신자로서 중요하게 여기는 이상을 위한 상징의 집결지며, 이는 교가의 단어들을 통해 신중하게 확인됩니다"(1997년 1월, J. Serio).

학교의 의사소통

많은 가톨릭 교육 지도자가 서면이나 구두로 하는 의사소통을 통해 의도적으로 복음의 가치와 학교의 종교적 사명을 언급합니다.

애리조나 투손의 성 시릴 학교의 교장은 격주 수요일마다 학부모에게 다양한 활동에 대한 정보를 제공하고, 학생, 교직원, 학부모에게 알리는 '교장의 소식' 난이 포함된 『스쿨 익스프레스』(*School Express*)라는 간행물을 가정으로 발송합니다. 여기에는 시를 포함한 학생들이 쓴 창작품이나 자녀 양육에 관한 정보, 교회 가르침에 관한 정보나 글들이 실려있습니다. 또한, 『스쿨 익스프레스』는 '이달의 성구와 가치'를 소개하고, 가족을 위한 주간 기도문이나 특별한 행사 그리고 아프거나 죽음을 맞이한 공동체 구성원이나 구성원 친척을 위한 기도 목록을 제공합니다.

일부 학교에서는 종교적 사명을 반영하고 표현하는 언어를 사용하는 데 주의를 기울입니다. 교장이 학교 신앙 공동체의 책임자라면 학부모에게 영적 양식을 지원해야 합니다. 이와 관련하여 캘리포니아 샌프란시스코의 올 소울스(All Souls) 가톨릭 학교의 교장은 홈스쿨 파트너십을 장려하는 몇 가지 창의적 활동을 시작하였습니다.

- **학부모 교육 프로그램**: 일 년 중 몇 차례 연사를 초청하여 가족에게 필요한 주제를 토론하며 요구에 부응합니다.

- **학부모 소식지**: 이 간행물은 매월 자녀의 종교적 가치관 형성 및 성인의 신앙 발달을 돕기 위하여 각 학생의 부모나 후견인에게 발송됩니다. 신앙 양성 자료는 자녀 양육 관련 기사 안에 통합되어 있습니다.
- **학부모 도서관 대출**: 학생의 성공과 더 효과적인 자녀 양육을 위한 실용적인 아이디어를 제공하기 위하여 도서, 비디오 및 카세트테이프를 포함한 도서 자료를 대출합니다.

최근 발행한 학교 소식지나 학생, 학부모 또는 교사에게 쓴 글들을 살펴보세요.

- 복음의 가치와 종교적 사명을 전달하는 증거는 무엇인가요?

____

____

____

- 학교의 종교적 사명과 복음적 가치를 보다 잘 전달하기 위해 이러한 것들을 어떻게 조정할 수 있을까요?

____

____

____

펜실베이니아 그린빌에 있는 성 미카엘 학교의 교장도 학부모, 본당 신자, 졸업생에게 매달 학교 소식지를 발송합니다. 이에 대한 교장의 답변입니다. "우리는 학생과 교직원이 어떻게 공동체 안에서 봉사하며 메시지를 전달하고, 졸업생들이 어떤 성과를 이루며 살아가는지에 대한 희망찬 소식들을 전합니다. 또한 가톨릭 선통에 따른 전례 시기와 축일을 기념할 수 있는 아이디어와 짧은 기도문도 수록합니다"(1997년 1월, M. Lipani).

[그림 12]의 편지는 가톨릭 교육 지도자가 복음의 가치와 학교의 종교적 사명을 어떻게 연결할 수 있는지 보여 줍니다. 이탤릭체로 표시된 부분은 표준 양식으로 수정한 것입니다.

〔그림 12〕
학교의 종교적 사명과 통합하여 수정한 학교 편지

2000년 4월 15일

수신인: 미구엘 로페즈
1313 카테드랄 레인
애니타운, 미국

친애하는 미구엘에게

국제 바칼로레아 디플로마(IB) 프로그램에 합격한 것을 축하합니다. 교직원 위원회에서 귀하를 선택한 것은 학업에 대한 귀하의 모범적인 습관과 학습에 대한 긍정적인 태도를 인정한 것입니다.

야고보서(1,17)는 "온갖 좋은 선물과 모든 완전한 은사는 위에서 옵니다. 빛의 아버에게서 내려오는 것입니다"라고 전하고 있습니다. 하느님께서 주신 지적 재능을 최대한으로 개발하는 귀하를 칭찬하고 싶습니다.

IB 프로그램에서 도전과 보람을 동시에 체험하며 많은 성과를 거두길 바랍니다. 과거 많은 졸업생이 그랬던 것처럼 IB가 귀하에게도 도움이 되길 바랍니다.

행운을 빕니다!

그리스도 안에서,

성 마리아 고등학교 교장
모린 맥카시 박사

이야기들

이야기는 인간의 경험에 담긴 문화의 시금석으로, 메시지를 전달하고 교훈을 줍니다. 이야기의 매력은 재미있고 다채로운 형태의 가르침을 제공하고 정서적 감정에 호소하여 남녀노소 모두가 쉽게 기억하도록 합니다(Gardner, 1995). 조직 문화를 소통하고 발전시키는 데 있어 이야기와 스토리텔링의 중요성에 대해 조직의 리더는 과소평가할 수 없으며, 과소평가해서도 안 됩니다(Bolman & Deal, 1997).

가톨릭 문화

그리스도교의 모든 중심 이야기는 예수님의 탄생, 죽음, 부활입니다. 그러나 가톨릭 신자들은 파스카 신비의 중요성을 강화하기 위해 더 많은 이야기 형식을 즐겨 사용합니다. 예를 들어, 전설은 가톨릭을 경험하기 위한 일부이며 필수 요소입니다. 루르드, 파티마, 메주고리에서 일어난 마리아 발현은 기적적인 치료와 같은 초자연적인 사건과 관련이 있기 때문에 가톨릭의 상상력에 대한 호소력을 지닙니다.

사회학자 Andrew Greeley(1995)는 이야기가 가톨릭의 상상력에 호소하며 가톨릭 신자들이 종교를 경험하는 방법의 기초가 된다고 말합니다. "종교는 다른 어떤 것이기 전에 그리고 어떤 것이 된 후에도, 경험이고, 이미지이며 이야기입니다. 간단히 말해, '가톨릭 신자들은 위대한 이야기가 많기 때문에 그들의 유산을 좋아합니다'"(p.32).

학교 문화

이야기는 핵심 가치를 개인과 관련 있는 구체적인 방식으로 설명하는 매개를 제공하기 때문에 학교에는 이야기들이 넘쳐납니다. "이야기는 복잡한 아이디어를 구체적인 용어로 구체화하여 살과 피를 가진 인격체로 만들어 줍니다. 이야기는 가치를 전달하고 추상적인 아이디어를 정서, 감정 및 사건과 연결합니다"(Deal & Peterson, 1990, p.26).

그러나 이야기로도 설득할 수 있습니다. Johnston

(1987)은 자신이 목격한 두 교직원 간의 대화에 대해 이야기합니다. 두 사람 중 젊은 쪽은 노조가 교수의 퇴진과 주도권을 어떻게 제한했는지에 대해 불평하고 있었습니다. 그러자 나이 많은 동료는 노조가 생기기 전의 행정적 패권주의에 대한 이야기를 들려주며 대응했습니다. 그때부터 젊은 교직원은 노조를 다르게 바라보게 되었습니다. 이 이야기는 실제 사람들에 관한 것이기 때문에 신뢰성이 있습니다. 설득력 있는 이야기는 산더미 같은 증거보다 사람들의 입장을 바꾸도록 납득시키는 데 더 효과적입니다.

어떤 이야기는 중요한 사건과 관련된 기관의 '무용담'이 되기도 합니다. 이러한 이야기는 학교의 설립, 기타 중요한 순간 또는 사람들이 그러한 사건에 대응하는 방식에 관한 것일 수 있습니다. 많은 무용담은 학교의 비공식 의사소통 연결망을 통해 누가 "언제 〔…〕 기억하는지"를 공동체 구성원들에 의해 전달됩니다(Johnston, 1995).

가톨릭 학교 문화

가톨릭 문화와 학교 문화가 교차하는 지점에 있는 가톨릭 학교 공동체는 독특한 이야기를 지니고 있습니다. 이러한 이야기가 펜실베이니아 세인트 메리스에 있는 엘크 카운티 크리스천(Christian) 고등학교에서 울려 퍼집니다. 이에 대한 이야기를 교장이 들려줍니다.

1994년 키스톤 크로스 컨트리 인비테이셔널(Keystone Cross Country Invitational)은 엘크 카운티 크리스천의 종교적 사명 중 주목할 만한 의미 있는 이야기를 들려줍니다. 개인의 차이에 대한 존중과 감사는 학교의 종교적 사명의 중심 주제입니다. 예수님은 용서와 사랑을 중심으로 신앙 공동체를 세우기 위해 소외된 사람들을 포용하셨습니다. 그의 활동은 대부분 장애인(루카 7,18~23), 어린이(마태 18,1~6), 가난한 사람들(마태 5,3) 등 사회가 기피하는 사람들을 대상으로 이루어졌습니다.

어느 토요일 아침, 교장 선생님은 중학교 학생들의 기도 모임에 함께하였습니다. 학생들은 "주님, 저에게 달릴 수 있는 능력을 주셔서 감사합니다. 주님의 도움으로 최선을 다하겠습니다. 이기든 지든 주님의 아들 예수 그리스도의 이름으로 뛰겠습니다"라고 기도했습니다. 저도 마찬가지로 대표팀이 팀의 성공에 도움이 되는 노력, 헌신, 동료애의 모범을 꾸준히 보여 주었기 때문에 대표팀을 계속 지켜봐 달라고 격려했습니다. 결과적으로 중학교 대표팀은 숲속, 나무뿌리 위, 구불구불한 길을 통과하는 험난한 3km의 경주에서 자신들만의 교훈을 얻었습니다.

여중생팀에는 달리기 영웅 제시카, 뇌성마비를 앓고 있는 젊은 친구 일레인이 있었습니다. 이 팀원들은 정말 정반대의 영역에 있는 사람들이었습니다. 처음 2.5km를 달린 후, 제시카는 100명이 넘는 참가자들의 선두에 자리 잡았고 일레인은 전체 그룹에서 50미터 정도 뒤처진 곳에 자리를 잡았습니다. 두 사람 모두 경주에 대한 긴장감이 얼굴에 묻어 있었습니다. (…) 그러나 시작과 끝에 있는 두 젊은이는 같은 결승선을 향해 계속해서 나아갔습니다. 한 명은 여유롭게 미끄러지듯 달렸고, 다른 한 명은 한 걸음 한 걸음 힘겹게 내딛는 모습을 보였습니다. 달리기 경주가 끝나자 제시카는 예상대로 코스 신기록과 함께 박수갈채를 받으며 결승선을 통과했습니다. 약 10분 후, 일레인은 우레와 같은 박수갈채와 함께 절뚝거리며 마지막 지점으로 향했습니다. 일레인은 팀 동료와 경쟁자, 관중들이 눈물을 훔치는 가운데 자신만의 특별한 방식으로 질주하여 결승점을 통과하며 화답했습니다. 첫 번째 여성 십자군과 마지막 여성 십자군이 완주하며 거둔 승리의 아이러니는 신앙으로 가득한 학교 공동체의 사명과 가치를 상징적으로 보여 주었습니다.

대표팀? 그들은 매우 잘 달렸고, 실제로 이 팀은 해당 부문에서 최고의 영예를 얻었습니다. 하지만 그날의 교훈은 여중생들이 전했습니다. 이날 '소외된 자'들은 신앙 공동체를 세웠고, 자신만의 독특함으로 성취한 이들은 존경과 존엄의 메달을 받았습니다. 모두가 하늘로 향하는 같은 목표를 두고 있지만, 하느님이 주신 각자의 고유한 능력과 재능이라는 다른 길을 통해 같은 목적을 향해 가고 있습니다. 이것이 바로 엘크 카운티 크리스천 고등학교 학생들이 반복해서 듣는 종교적 메시지입니다.

(1997년 1월, J. Workman)

가톨릭 학교 전체에 울려 퍼지는 이야기는 예수 그리스도의 삶과 죽음 그리고 부활이라는 그리스도교의 중심 이야기에서 비롯되어 '하느님의 백성'인 교회의 이야기로 지속적으로 이어져야 합니다. 또한 가톨릭 학교 공동체는 과거와 현재의 분수령이 된 사건에 관한 이야기(신화, 전설, 모험담)를 학교 구성원들과 함께 개발하여 학교의 근간이 된 종교적 핵심 가치가 지속적으로 번영

할 수 있도록 강화해야 합니다.

문화 건축 계획:
복음적 가치와 종교적 사명을 전달하는 이야기 전하기

스토리텔링은 교장 자격 인증 프로그램에서 다루는 일반적인 내용은 아니지만, 교장은 리더십의 일환으로 핵심 가치를 교육하고 중요한 것을 전달하는 학교 최고의 스토리텔러로서 역할을 해야 합니다. 교장이 혁신의 중요성을 믿는다면 혁신에 대한 이야기를 들려주는 것이 중요할 것입니다. 공동체가 가치라면 교장은 공동체에 대한 이야기를 들려주어야 합니다(Gardner, 1995).

Deal과 Peterson(1999, pp.55~56)은 학교의 핵심 가치를 강화하기 위한 사례로 체리 크릭(Cheery Creek) 고등학교의 행크 코튼 교장의 이야기를 소개합니다. 코튼은 자신의 메시지를 전달하기 위해 활용할 수 있는 이야기 은행을 개발했습니다. 그의 이야기에는 투쟁을 통한 성공, 협력의 장점, 혁신 등의 주제가 포함되어 있습니다. 이와 관련하여 Johnston(1987)은 학교의 성공을 시험 점수나 통계로 설명하는 대신 '사람의 이야기'를 통해 이러한 사실을 연결하면 공동체의 관심을 끌고 더 의미 있게 전달할 수 있다고 주장합니다. 일부 학교에서는 매번 교직원 회의의 시간을 따로 할애하여 학교의 가치를 설명하고 강화하는 성공 이야기를 들려줍니다.

이야기가 학교 문화를 강화하는 방법이라 생각한다면, 가톨릭 교육 지도자는 학교의 신성한 것을 전달하고 학

학교의 핵심 종교적 가치나 카리스마 중 하나를 제시해 보세요.

____

이 가치나 카리스마를 대변하는 학교 신화나 실제 사건에 대해 간략히 적어 보세요.

____
____
____
____

교직원 회의 때 학교의 종교적 가치나 카리스마와 관련한 이야기를 공유하며 회의를 시작할 수 있는 방법에 대해 논의해 보세요.

____
____
____
____

교의 종교적 사명에 대한 독특한 점을 설명할 수 있는 이야기 은행을 개발하는 것을 고려할 수 있습니다. 이러한 이야기는 '우리는 어디에 있었습니까? 우리는 어디로 가고 있습니까? 우리는 누구입니까? 우리는 어떤 사람이 되기를 원합니까?'와 같은 질문에 답할 수 있습니다. 이 이야기 은행에는 학교의 영웅, 설립자, 전설적인 교사, 과거와 현재의 학생 등 학교의 이상과 역사의 전환점을 상징하는 모든 사람이 포함될 수 있습니다. 이야기 유형과 관계없이 각 이야기는 영감을 줄 수 있어야 합니다

감동적인 이야기는 가톨릭 학교의 핵심 가치와 종교적 사명을 대변할 수 있기에 가톨릭 교육 지도자는 정책, 명령, 메모가 아닌 스토리텔링을 통하여 가톨릭 문화를 구축하는 것이 좋습니다. 예를 들어, 펜실베이니아 이리의 머시허스트 프렙(Mercyhurst Prep)에서는 학교를 설립한 수도회의 결단에 초점을 맞춘 이야기를 간직하고 있습니다. RSM의 베르타 미칼릭 수녀는 1963년 학기 초에 학교 건물이 완성되지 않았음에도 불구하고 건물 내로 이사했다는 이야기를 즐겁게 들려줍니다. 수녀들은 인부들이 빨리 일하지 않는다고 생각했고, 공사 속도를 높이기 위해 난방과 전기가 들어오지 않는 건물로 학생들을 옮겼습니다. 처음 몇 주 동안 교사와 학생들은 따뜻한 창문 근처에 모여 있어야 했습니다. 식당이 완공되기 전에는 모두 분젠 버너로 점심을 데워 먹었습니다. 이 이야기는 머시허스트 프렙을 상징하는 결단력과 개척 정신의 유산에 계속해서 영감을 불어넣고 있습니다.

마찬가지로 네브래스카 오마하의 듀체스네(Duchesne) 아카데미와 예수 성심 학교에서 가장 소중히 여기는

전통 중 하나는 '공경의 성모'(Mater Admirabilis) 대한 헌신과 경배를 이어 가는 것입니다. 이 그림은 로마의 유명한 스페인 계단에서 멀지 않은 곳에 있는 성심회 수녀원 트리니타 데이 몬티(Trinita Dei Monti) 벽에 그려져 있는 프레스코화입니다. 수녀원 장상은 젊은 수련자 폴린 퍼드라우(Pauline Perdrau)가 성모님의 프레스코화를 그릴 수 있는지 물어본 후 이 그림을 그리도록 하였습니다. 그림을 그리는 데 있어 폴린은 잘 훈련된 사람이었고 한 번에 7~8시간씩 그림을 그렸습니다. 성모 마리아의 얼굴을 그릴 때는 13시간 동안 쉬지 않고 그림을 그렸습니다. 1844년 7월 1일에 폴린이 그림을 완성했지만 물감이 아직 마르지 않은 상태였습니다. 이 때문에 그림의 색이 눈부시게 보였고 마더 드 코리올리스 수녀는 이를 인정하지 않았습니다. 코리올리스 수녀는 그림을 지우라고 요구했지만 폴린은 그림을 한동안 덮어달라고 요구하며 그림이 마를 때까지 기다리자고 설득했습니다. 그리고 얼마 후 그림을 덮었던 천을 걷어 내자 마더 수녀는 이 작품을 보고 아름다움에 감동을 받아 눈물을 흘렸습니다.

1846년 트리니타 데이 몬티를 방문한 교황 비오 9세는 이 프레스코화의 아름다움에 매료되어 "경외하올 성모님!"이라고 감탄을 표하였습니다. 이후 비오 9세는 이 그림을 축복하시며 "마테르 아드미라빌리스"라는 칭호를 부여하였으며, 10월 20일을 그녀를 기리는 축일로 정했습니다. 현재 마테르 아드미라빌리스는 모든 성심 학교의 학문의 수호성인이자 주보 성인으로서, 이 그림은 모든 성심학교에서 가장 눈에 잘 띄는 곳에 놓여 있습니다.

듀체스네 아카데미의 2학년 학생들은 마테르 아드미라빌리스와 더불어 성모 마리아께 부여된 다른 이름, 그녀

구두로 혹은 글로 쓴 스토리텔링을 사용하여 학교의 종교적 가치나 카리스마를 전달할 수 있는 세 가지 방법을 찾아보세요.

1. ____________________
2. ____________________
3. ____________________

학교와 관련된 전설, 신화, 무용담 등이 사라지거나 잊히지 않도록 보존하기 위해 할 수 있는 방법을 제시해 보세요.

____
____
____
____

의 삶, 헌신, 특별한 자질에 대해 공부합니다. 그리고 이 내용을 마친 후에는 성모님의 특별한 자질을 닮은 학생을 선정하여 그들에게 마테르 메달을 수여합니다. 특히 수여식은 모든 성심 학교에서 거행하는 특별미사에서 이루어집니다. 이 행사는 듀체스네 아카데미 공동체 전체가 기념하는 기쁨의 행사입니다.

소 결 론

인간의 의사소통은 문화의 중요한 구성 요소이므로 가톨릭 교육 지도자들은 가톨릭 문화의 건축가로서 복음적 가치와 종교적 사명을 전달하며 학교의 언어 체계와 연결하는 독보적인 위치에 있습니다. 이 중요한 연결고리를 만드는 한 가지 방법은 '스토리텔링'입니다. 가톨릭 교육 지도자들은 학교 공동체가 종교적 유산을 상기시키고 학교의 유산을 지속하는 복음적 가치를 강화하는 감동적인 이야기들을 개발해야 합니다.

제 8 장

변화의 역사

● 역사

일반적인 의미에서 역사는 현재에 영향을 미치는 과거의 인물과 사건을 포괄하는 한 집단의 공유된 과거를 의미합니다. 역사는 개인과 집단을 형성하여 그들이 누구였는지에 대한 통찰력과 이해를 제공합니다. 무엇보다 규정하고 설명하기 위한 도구로서의 유용성 외에도 역사의 또 다른 중요한 측면은 사람들을 결속시키는 힘입니다(Bellah, Madsen, Sullivan, Swidler, & Tipton, 1985).

가톨릭 문화

가톨릭 고유의 핵심 신앙은 하느님의 진리가 성경과 전통을 통해 계시된다는 것입니다. 과거의 지혜는 복음사가

들로부터 시작하여 안티오키아 이냐시오, 알렉산드리아의 치릴로, 니사의 그레고리우스, 히포의 아우구스티누스와 같은 교회 교부들을 통해 수 세기 동안 그리스도인들에게 전해지고 있습니다. 그리고 교도권의 정통적 해석을 통해 현시대까지 이어져 내려옵니다.

제2차 바티칸 공의회를 통해 활동하셨던 성령의 움직임을 이해하려면 교회가 역사적으로 어떻게 이 순간에 도달했는지 이해해야 합니다. 특히, 수 세기 동안 개신교 종교개혁과 이를 둘러싼 가톨릭의 반종교개혁 사이에 일어난 중추적 사건은 가톨릭이 나머지 그리스도교 국가들과의 관계에서 자신을 바라보는 시각을 갖게 하였습니다. 하지만 제2차 바티칸 공의회를 통해 패러다임의 전환이 일어났으며, 그 후폭풍은 오늘날에도 여전히 큰 반향을 불러일으키고 있습니다.

Avery Dulles(1988)는 『가톨릭의 재구성』이라는 책에서 자신과 세상에 대해 새롭게 사고하는 교회의 패러다임을 제2차 바티칸 공의회의 10가지 주제를 통해 설명합니다. 그가 이 책을 집필한 목적은 역사적 사건이 현재의 사건과 인간의 경험을 이해하는 데 얼마나 중요한 역할을 하는지를 보여 주기 위해서였습니다. Dulles는 제2차 바티칸 공의회의 영향이 아직 완전히 알려지지 않았으나, 다음 세기에도 계속해서 나타날 것이라고 주장합니다.

미국 가톨릭 신자들은 보편 교회의 역사를 이해하는 것 외에도, 아메리카 땅의 선조들이 지녔던 가톨릭 경험에 대해서도 이해해야 합니다. 즉, 새천년의 교회로서 미국 가톨릭 신자들의 집단적 정체성과 상상력에 영향을 미치는 것이 바로 공유된 과거인 것입니다.

가톨릭 교육과 관련하여 미국 가톨릭 신자들은 19세기 이민자들의 '포위 정신'을 통해 미국 가톨릭 학교 시스템의 기원을 이해할 필요가 있습니다(Buetow, 1985; Dolan, 1955; Walch, 1996). 각 세대는 청소년 교육과 가톨릭 학교의 역할에 대한 질문에 답해야 합니다. 현재나 미래의 가톨릭 신자들은 선조들이 청소년 교육에 대한 질문에 어떻게 답했는지 잘 이해한다면, 보다 더 나은 결정을 내릴 수 있을 것입니다.

지금은 가톨릭 신자들이 더 이상 포위되고 있지 않지만 교회가 세속주의나 탈종교와 같은 다른 공격을 받고 있다고 주장하는 사람들이 있습니다. 아이러니하게도 Jacobs (1997)는 공립학교에서 종교를 없애는 움직임은 공립학교에서 이루어진 기도와 교육이 보여 주었던 개신교적 편향성에 반대하는 19세기 가톨릭 공동체의 저항으로부터 비롯된 것이라고 지적합니다.

이와 관련하여 최근 수십 년 동안 가톨릭 학교 운영과 관련된 비용이 급격히 증가함에 따라 일부에서는 학교를 위해 너무 많은 희생을 요구받는다고 주장하기도 합니다. 하지만 역사를 주의 깊게 읽어보면 가톨릭 신자들을 포함하여 가난하고 차별을 받던 이민자들이 매우 큰 어려움에 있었다는 것을 초기 사례에서 발견할 수 있습니다. 1987년 갤럽에서 수집한 자료에 따르면 가톨릭 신자들은 그 어느 때보다 더 많은 자원과 정치적·사회적 영향력을 가지고 있다고 결론을 내렸습니다(Gallup & Castelli, 1987). 오늘날의 역경은 재정 문제가 아니라 헌신의 위기에 뿌리를 두고 있습니다(Greeley, 1985, 1990; Greeley, McCready, & McCourt, 1976).

학교 문화

학교의 문화를 이해하려면 학교의 과거를 살펴봐야 합니다(Deal, 1985, 1993; Deal & Peterson, 1990, 1999). 학교의 역사를 탐구하는 것은 학교의 핵심 가치의 기원과 발전을 알 수 있는 교육적 과정입니다.

논리에 따르면 학교의 구조와 교육과정, 학습 과정, 규율, 교사-학생 간의 상호 작용에 대한 근본적인 신념은 시간이 지남에 따라 발전합니다. 학교 역사의 중요한 인물들이나 학교 설립자의 의도나 주요 변곡점을 아는 것은 상당한 도움이 될 수 있습니다(Sergiovanni, 1995a).

학교 역사에 대한 관심이 중요한 또 다른 이유는 공동체를 구축한다는 점입니다. 학교의 역사에 대한 인식은 학생들에게 개인적 성장에 절실히 필요한 안정된 기반을 제공합니다. 무엇보다, 유산에 대한 감각은 학생들이 영속적인 가치에 애착을 갖고 후대의 사람들이 모인 공동체에 소속감을 느끼는 데 도움이 될 수 있습니다.

주목받고 인기 있는 학교들이 현재와 미래의 기반이 되는 풍부한 과거를 자랑하는 것은 당연한 일입니다. 사람들은 이러한 학교를 강하고 안정적이며 영속적이면서도 시대에 따라 변화할 수 있는 학교로 보기 때문입니다. 외부인에게는 이러한 인식이 주는 편안함과 자신감이 있습니다. 내부자에게는 과거의 성취와 역경의 기억에서 얻는 힘이 있습니다.

가톨릭 학교 문화

가톨릭 학교 공동체의 역사와 유산에 대한 관심은 신앙 전통에서 자연스럽게 흘러나옵니다. "과거를 잊지 않는" "기억의 공동체"(Bellah 등, 1985, p.153)가 되는 것은 모든 가톨릭 학교의 본질적인 특징입니다. 각 가톨릭 학교 공동체는 자신의 과거 외에도 예수 그리스도의 삶과 죽음, 부활이라는 존재의 핵심을 기억해야 합니다. 가톨릭 학교에서 하는 모든 경험은 학생들에게 주님이신 부활하신 예수 그리스도를 상기시켜야 합니다. 가톨릭 교육 지도자들이 학교의 기억을 부활하신 예수 그리스도의 기억과 결합시킬 때, 가톨릭 학교는 "희망의 공동체"가 됩니다(가톨릭 교육성성, 1982/2022, 26항; 1988, 11.12.13항; Jacobs, 1996/2025, pp.143~154; National Conference of Catholic Bishops, 1972, n.9).

'기억의 공동체'와 '희망의 공동체'라는 각각의 문구를 학교와 연관지어 생각해 보고, 이 두 문구가 학교와 어떤 관련이 있는지 논의해 보세요.

문화 건축 계획: 학교의 역사적·종교적 유산의 재발견

가톨릭 학교의 종교적 유산을 세대에서 세대로 전승하는 것은 연속성이 분명한 수도회에서 학교를 운영할 때가 훨씬 쉬웠습니다. 유산에 대한 관심은 젊은 수도자를 양성하고 훈련하는 과정의 일부였으며, 그 대부분은 구전을 통해 전승되었습니다. 그러나 오늘날에는 가톨릭 학교를 드나드는 다양한 배경과 경험을 가진 평신도가 많기에 더 이상 이러한 모습을 기대하기는 어렵습니다. 대신, 가톨릭 학교 지도자들은 신중하고 체계적인 방식으로 유산에 대한 관심을 기울여야 합니다(Jacobs, 1996, pp.9~11).

이에 대해 가톨릭 학교 유산을 횡적 유산과 종적 유산의 두 형태로 개념화하는 방법이 있습니다.

우선, 횡적(Latitudinal) 유산은 각 가톨릭 학교가 다른 학교와 공유하며 인식하는 공동 유산을 의미합니다. 이는 학교를 네트워크의 한 구성원으로 인정하는 측면에서 기업적 유산이라 할 수 있습니다. 학생들은 지역 공동체와 전 세계의 책상에 앉아 있는 다른 사람들과 공통점을 공유합니다. 일부 가톨릭 교육 지도자들은 성 패트릭이나 씨튼처럼 인물의 이름을 따서 명명된 공유된 유산을 기반으로 네트워크를 구축했습니다.

반면, 종적(Longitudinal) 유산은 가톨릭 학교의 역사를 의미합니다. 많은 학교는 학생들에게 알려야 할 길고 풍부한 역사를 가지고 있습니다. 각 학교의 역사에는 오늘날의 학교를 형성한 인물과 사건이 담겨 있습니다. 학교의 역사를 통해 학교가 세워진 이유, 기원, 지속되는 이유, 공유된 종교적 가치의 유산, 학교 역사의 주요 인물을 알 수 있습니다.

모든 가톨릭 학교에는 다음 세대에 전수해야 할 종교적 유산이 있습니다. 이를 위해서는 교장의 의도성이 필요합니다.

학교 공동체가 지닌 사회·문화적 유산의 위상을 드러낸 사건을 한 가지 찾아보세요.

____

____

____

____

학교 공동체가 지닌 역사적 유산을 일깨운 사건 한 가지만 예를 들어 보세요.

____

____

____

____

기록 역사

Deal(1985)은 학교 효과성이 거쳐온 길에 관해 다룬 글에서 유산의 중요성을 강조하며 "학교의 역사를 탐구하고 문서화하는 것이 그 출발점"이라고 제안합니다(p.615). 새로운 교장이 학교에서 근무를 시작하며 가장 먼저 읽어야 하는 문서 중 하나는 학교가 현재 위치에 이르기까지의 정보를 제공하는 학교 연혁에 관한 것입니다.

연혁은 공동체의 과거를 보여 주는 시금석이므로 브로셔, 핸드북, 연감 등 모든 출판물에 연혁을 간략히 포함시키는 것이 중요합니다. 이 부분은 연대기로나 '핵심 기념일' 중심으로 간결하게 작성할 수 있습니다. 더 긴 역사적 서술은 사진과 함께 그 자체로 하나의 출판물이 될 수 있습니다. 일부 학교에서는 교장의 재임 기간에 맞추어 학교의 역사를 정리하기도 합니다. 다른 접근 방식으로는 십년 주기별, 기념일 혹은 남녀공학으로의 변경과 같은 중요한 순간, 나아가 주제나 연도를 자연스럽게 묶어 활용하는 방법이 있습니다.

일단 작성한 학교 연혁은 주기적으로 업데이트를 해야 합니다. 이는 재인증이나 학교의 주요 기념일 혹은 교명 변경의 시기와 함께 자연스럽게 이어질 수 있습니다. 마지막 경우에는 관리자가 변경되어 학교의 역사를 업데이트하는 것인데, 이는 학교의 재정 감사만큼이나 자연스러운 일이어야 합니다. 두 가지 모두 학교 역사의 한 장을 마무리하는 자연스러운 방법입니다. 주의할 사항은 이정표나 기념일을 기다려 학교의 역사를 업데이트하는 것은 시간이 지나고 인사가 변경됨에 따라 학교의 역사를 재구성하는 데 어려움이 되는 문제점을 지니고 있습니다.

다음에서 학교의 기록 역사와 관계 있는 것을 체크 표시해 보세요.

____ 설립/기원
____ 역사적/영웅적 인물
____ 역경/성공
____ 전환점/획기적 사건
____ 기념일
____ 핵심 가치/카리스마
____ 전통
____ 역사건 건물
____ 전설
____ 그림/사진

기타
____ ______________
____ ______________

학교의 기록 역사를 보충할 수 있는 의견을 두 가지로 제시해 보세요.

1. ______________
2. ______________

학교 역사에 포함되지 않지만, 꼭 포함시켜야 할 출판 자료나 홍보물 두 가지를 적어 보세요.

1. ______________
2. ______________

역사적 자료에 대한 전시와 홍보

학교에 들어와 복도를 거닐며 전시물을 주의 깊게 관찰하는 사람들은 학교 공동체가 무엇을 신성하게 여기는지 느낄 수 있는 경험을 하게 됩니다. 유산을 소중히 여기는 학교에서는 과거 학교 지도자들의 초상화와 졸업생들의 사진을 연대기 순으로 전시하고 있습니다. 대부분의 학교는 운동 경기에서 받은 트로피를 전시하여 학교의 역사를 기록하고, 매년 있는 학교 연극의 출연진 사진을 전시하는 학교도 있습니다. 일부 학교는 학교 역사를 기록하는 '시간의 벽'을 지정하고, 다른 학교는 학교 역사의 유물을 전시하는 상설 전시관을 가지고 있기도 합니다. 일부 학교에서는 졸업반 학생들이 자기 학급의 경험을 기념하는 벽화를 그리도록 요구하기도 합니다.

종교적 유산과 관련해서는, 학교의 이름을 딴 인물이나 주보 성인의 초상화 혹은 동상을 눈에 잘 띄는 곳에 전시할 필요가 있습니다. 일부 학교에서는 작은 형태로 각 교실에 전시하기도 합니다. 이때 학교의 종교적 유산과 사명을 나타내는 항목을 포함하는 것도 중요합니다. 여기에는 학급 피정 현수막, 낡은 종교 교과서, 특별한 전례를 기념하는 프로그램뿐만 아니라, 성사, 피정, 기도, 봉사활동에 참석한 학생들의 사진 등이 포함될 수 있습니다.

1983년, 카르멜 수녀회는 루이지애나에서 사도직을 시작한 지 150주년이 되는 기념식을 거행하였습니다. 당시에는 현재의 수녀원 위치와는 전혀 다른, 처음 자리 잡은 본당에서 기념식을 거행했습니다. 루이지애나 뉴올리언스에 있는 마운트 카르멜 아카데미의 로비에는 바티스트 수녀가 그린 마운트 카르멜 아카데미의 처음 위치와 그동안 수녀들이 활동한 장소에 대한 대형 벽화가 전시되어 있습니다.

학교 문서고와 박물관

동창회와 학교 기념일을 준비하기 위해 각종 기념물을 수집하려는 가톨릭 교육 지도자는 과거 졸업앨범, 신문, 교복, 연극 전단지, 특별 행사 프로그램, 사진, 졸업장 등을 구하는 것이 얼마나 어려운지 잘 알고 있습니다. 사실상 문서고 담당 직원을 둔 학교는 매우 드물기 때문입니다. 역동적이며 정기적으로 관리해야 하는 것이 역사의 특성이라면 이는 안타까운 현실일 뿐입니다.

가톨릭 교육 지도자는 역사의 중요성을 알리기 위해서라도, 학교의 기록관으로 봉사할 교직원을 지정하는 것이 필요합니다. 이러한 것이 가능하다면, 학교 기록관은 신문 스크랩, 학교 문서 수집 및 목록화, 학교 프로그램과 포스터 그리고 학교 행사를 촬영한 영상물 등을 지속적으로 보존 및 관리할 수 있습니다.

일부 가톨릭 학교 공동체는 학교 유물이 전시된 소규모 박물관을 운영하기도 합니다(그림 13). 예를 들어, 애리조나 투손의 성 하비에르 미션 스쿨은 본당 박물관에 자긍심을 갖는 본당과 연계하고 있습니다. 1997년 설립 200주년을 맞이하는 성 하비에르 미션 성당은 학교와 깊은 관련이 있어, 학교의 역사와 유물이 이곳에 보관되어 있기 때문입

학교 건물과 캠퍼스를 둘러보고, 다음 중 어떤 인공물이 지속적으로 또는 주기적으로 등장하는지 체크 표시를 해 보세요.

____ 연극 전단지
____ 안내서
____ 연감
____ 스크랩북
____ 학교 우승기
____ 동상
____ 졸업식 프로그램
____ 교육과정 안내
____ 교복
____ 표어
____ 성적표
____ 상장
____ 학교 인감/문장

기타

____ ____________
____ ____________

학교의 역사적·종교적 유산을 보여 주기 위해 취할 행동을 세 가지로 제시해 보세요.

1. ____________
2. ____________
3. ____________

학교의 문서고/박물관에 쉽게 보일 수 있는 장소를 제안해 보세요.

____
____
____
____

학교의 문서관리자 혹은 기록관으로 적절한 인물을 적어 보세요.

____

니다. 교구에서 가장 오래된 학교이며 애리조나주에서 최초로 설립된 이 학교는, 1864년 성 하비에르 지구의 토호노 오오담 부족을 위해 설립되었습니다.

주보 성인과 설립자에 대한 기념

어떤 학교는 학교 주보 성인의 축일을 학교의 종교적 유산을 빛내기 위한 기회로 삼습니다. 특히 종교 공동체와 밀접히 연관된 학교들은 매년 학교 설립 및 설립자와 관련한 날짜를 기념합니다. 일반적으로 이런 날에는 '설립자'을 기억하는 미사와 같은 종교적 행사가 거행됩니다. 학교의 주보 성인이나 설립자를 기념하는 연례행사는 학생 단체와 변화하는 교직원의 모습을 고려할 때 매우 중요한 의미를 갖습니다. 중등학교 차원에서는 학교가 5년 주기로 학교의 유산을 기념한다면, 완전히 새로운 학생들을 대상으로 매번 행사를 진행하게 됩니다.

학교의 이름을 딴 사람이나 주보 성인 혹은 설립자를 기리는 방법은 여러 가지가 있습니다. 예를 들어, 뉴저지 클라크의 마더 씨튼 지역(Mother Seton Regional) 고등학교는 매년 학교 전체가 참여하는 전례로 학교의 주보인 씨튼 성녀의 축일을 함께 지냅니다. 이 전례 안에서, 학생들은 성 엘리자베스 씨튼 성녀의 핵심적인 삶을 보여 줍니다. 어느 해에는 엘리자베스 앤 씨튼의 동상과 유품에 대한 공개가 봉헌예식에서 이루어졌습니다. 미사 후 학생회장은 학교를 통해 전하는 자선회 수녀(Sisters of

Charity)들의 헌신적인 사명에 진심으로 감사의 인사를 전하였습니다. 그런 다음 교직원들은 학교 공동체 구성원 전체에게 따뜻한 초콜릿과 함께 아침 식사를 제공하였습니다.

〔그림 13〕
가톨릭 학교 박물관

네브래스카주 오마하, 듀체스네 아카데미

성심 수녀회의 수녀들은 듀체스네 대학과 성심 아카데미에 다닌 여성들에게 영성과 전통 그리고 강한 지적 가치를 부여해 왔습니다. 118년에 걸쳐 이어져 온 전통은 오마하에서 계속되고 있습니다.

성심 학교는 이러한 유산을 보존하기 위해 듀체스네 캠퍼스에 박물관을 설립하였습니다. 여기에는 듀체스네의 역사뿐만 아니라, 이 교육기관을 설립하기 위해 오마하로 왔던 여성들의 모습을 담은 사진과 자료들이 전시되어 있습니다. 또한 박물관은 1800년 성심회를 창립했던 창립자 성 마들렌 소피 바라와 성심회가 미국에서 정착하도록 헌신한 초기 선교사 로즈 필리핀 수녀와 관련한 자료뿐만 아니라, 공경의 성모(마테르 아드미라빌리스)를 기념하며 기리는 오월의 대관식과 미사 등 듀체스네의 많은 종교적 전통에 대해 묘사하고 있습니다. 그 밖에도 상이 수여되는 날에 받은 메달과 화환, 듀체스네 학생들의 교복, 교과서 등의 유물도 전시되어 있습니다.

이 박물관은 듀체스네 아카데미에 오는 젊은 여성들을 위한 학습 센터일 뿐만 아니라 성심수녀회와 그들이 양성한 젊은 여성들의 업적에 대한 기록을 보관하기 위해 있습니다.

펜실베이니아 필라델피아에 있는 성 마리아 고레티(St. Maria Goretti) 고등학교는 성 마리아 고레티의 생일을 맞는 10월에 특별 기도회를 거행합니다. 종교 수업 시간에 학생들은 성녀의 일생을 다룬 동영상인 「용서를 위한 열네 송이 꽃」을 시청합니다. 졸업할 때, 졸업생들은 5×7인치 크기의 성녀 마리아 고레티 사진을 선물로 받습니다.

1952년 캘리포니아 샌프란시스코에서 성 스테판 학교가 개교했을 때, 주교는 자비의 수녀들을 학교 관리자와 교사로 초빙했습니다. 수년에 걸쳐 기념하는 자비의 날은 학교의 정신을 반영하는 지침이 되었습니다. 학교 공동체는

학교의 종교적·역사적 유산을 기념하기 위해 주보 성인 축일이나 학교 설립자의 기념일을 어떻게 활용하는지 설명해 보세요.

____
____
____
____

학교의 주보 성인이나 설립자와 관련된 날을 매년 기념하기 위해 할 수 있는 방법을 제시해 보세요.

1. __________________
2. __________________
3. __________________

매년 자비의 날을 기념합니다. 교사들은 캐서린 맥컬리 수녀의 가난한 사람들에 대한 사랑의 이야기를 들려주면서 학생들이 토론에 참여하여 가난한 사람들에 대한 인식과 관심을 키우고 자비의 수녀회 설립자의 정신을 새롭게 상기합니다. 이러한 정신을 쇄신하기 위해 매년 이루어지는 자비의 날 행사에는 어린이 전례, 교직원을 위한 특별 오찬, 학생들을 위한 간식 등 다양한 행사로 채워집니다.

다른 학교에서는 설립자를 기념하는 행사를 거행하기 위해 '설립 기념일'을 제정했습니다. 펜실베이니아 이리의 머시허스트 프렙에서는 1831년 캐서린 맥컬리 수녀가 더블린에서 수녀회를 설립한 12월 12일을 머시의 설립일로 기념합니다. 설립 기념일 행사는 학교의 설립자인 이리의 자비의 수녀회와 교직원을 위한 것으로, 1926년에 학교를 세우고 학교를 운영하기 위해 일하고 기도한 자비의 수녀들을 기억하고 함께 기뻐할 수 있는 기회를 교직원에게 제공합니다. 그리고 교직원과 수녀들은 함께 멋진 만찬을 합니다. 식사 후에는 재능이 있는 가수와 댄서들로 구성된 합창단이 여러 가지 볼거리로 어른들을 즐겁게 합니다. 몇몇 학생들은 자작시와 노래를 선보이기도 합니다. 마지막으로 설립 기념일에는 수녀님들에게 크리스마스 선물을 증정합니다.

각 세대에게 학교의 역동성과 유산을 생생하게 지켜 나갈 책임을 강조하기 위해 일부 가톨릭 학교는 과거, 현재, 미래의 시각에서 역사를 설명합니다. 가톨릭 교육 지도자들은 학교 공동체를 유산과 다시 연결하거나 새로운 방향을 제시하는 형태로 학교의 설립 목적과 카리스마를 현대적 필요에 비추어 재조명하는 '설립 목적의 재해석'을 생각해 볼 수 있습니다. 가톨릭 교육 지도자의 경우, 주 혹은 지역의 재인증 또는 전략적 계획의 일환으로 학교의 설립 목적을 재발견해 나가는 과정을 거친다면 학교의 신앙적 성격과 가톨릭적 뿌리를 강조할 수 있습니다.

학교의 기념일

학교의 희년은 화려한 행사와 기념식을 통해 유산에 대한 관심을 집중시킬 수 있는 완벽한 기회가 됩니다. 기념일은 학교를 설립한 종교 공동체, 동문, 교사, 퇴임 교사, 학부모, 졸업생 부모, 재학생, 후원자 등 학교의 구성원이 한자리에 모여 학교의 사명을 기억하고 축하할 수 있는 집결지 역할을 할 수 있습니다. 특히 급변하는 시대에 거행하는 기념일은 과거와 현재, 미래를 잇는 다리를 놓는 계기가 될 수 있습니다.

아이오와주 미주리 밸리의 성 패트릭 학교 교장의 증언입니다.

> 우리 학교는 최근 가톨릭 교육 80주년을 기념했습니다. 주교님과의 기념 만찬을 포함하여 일반적인 기념일 행사를 모두 마쳤습니다. 만찬에서 저는 6학년 학생 중 한 명에게 학교와 학교의 역사에 대해 이야기를 나누도록 했습니다. 이 학생의 증조할아버지가 40에이커의 땅을 팔아 학교 건축 기금으로 기부하며 학교 건립을 시작하였습니다. 많은 사람들은 이 학교가 자신과

최근 학교의 주요 기념일을 언제, 어떻게 거행하였는지 생각해 보세요. 이 기념식은 학교의 종교적 가톨릭적 유산을 어떻게 보여 주었나요?

____
____
____
____

다음에 거행할 학교의 주요 기념일은 언제인가요?

____

다음에 거행할 주요 기념일에서 학교의 종교적 유산과 가톨릭적 특성을 강조할 수 있는 아이디어를 세 가지로 적어 보세요.

1. ____________________
2. ____________________
3. ____________________

가족에게 어떤 의미가 있는지 이야기하는 것이 얼마나 특별한 일인지를 언급했습니다. 가족의 희생에 대해 듣는 것은 매우 감동적이었습니다. 이 학생의 이야기는 과거와 현재를 연결하는 멋진 방법이었습니다. 그 학생의 증조부모는 80년 후 자신의 증손자 중 한 명이 학교에 다닐 줄은 전혀 알지 못했을 것입니다. (1997년 1월, M. Anderson)

인디애나 아빌라에 있는 성 마리아(St. Mary) 학교에서는 설립 130주년을 기념하기 위해 교직원과 학부모들이 학생들을 위한 '개척자의 날'을 계획했습니다. 수녀들을 포함한 이들 모두는 1969년 이전에 입었던 개척자 복장을 하였습니다. 아이들은 개척자 가족으로 나뉘어 개척자 게임, 공예, 춤과 음악, 민속 의학, '지역 역사 전문가'가 진행하는 유산에 대한 토론 등 여섯 가지 소모임 활동에 참여했습니다. 각 어린이는 개척자 시대의 담요 모양인 사각형을 만들고 마차를 타고 마을을 둘러보았습니다. 그런 다음 학생들은 4학년이 설립한 개척자 학교를 방문했고, 요리사들은 개척자 시대에 먹던 형태로 점심을 준비했습니다. 지역 방송국에서는 이날 행사에 대해 5시 뉴스에서 소개했습니다.

미주리 멕시코에 있는 성 브렌든(St. Brendan) 학교는 개교 75주년을 맞아 전직 교장, 졸업생과 재학생의 부모 그리고 졸업생 및 재학생들이 참석한 가운데 주교가 주례하는 특별한 개교 기념식을 거행하였습니다. 그날 저녁 800여 명이 음악과 춤, 이야기로 구성된 2시간짜리 프로그램에 참석하였으며, 국가 역사와 함께 75년의 학교 역사에서 있었던 사건을 엮었습니다. 프로그램

내내 학교 공동체는 전직 사목자, 교장, 교직원, 동문들에게 특별한 감사를 표하였습니다. 또한, 첫 번째로 성 브렌든을 졸업한 학생이 참석하여 특별한 축하를 받았습니다.

교직원 및 학생을 위한 교환 프로그램

도시 건너편이든 바다 건너편이든 다른 가톨릭 학교를 방문하면 학생과 교직원은 자신이 학교보다 더 큰 무언가의 일부임을 깨닫는 데 도움이 됩니다. 특히 참가자들이 더 보편적인 관점에서 '하느님의 사람'이 된다는 것이 무엇을 의미하는지에 대해 깊이 인식하고 이해하게 된다면, 이러한 경험은 새로운 가능성에 눈을 뜨고 공동체 건설을 위한 기회가 될 수 있습니다. 이러한 방식으로 교직원과 학생에 대한 교류는 횡적 유산을 증진합니다.

몇몇 학교 공동체는 같은 종교 공동체에 의해 설립된 전 세계 학교들과 단기 교류를 시작하거나 네트워크를 형성하기도 합니다. 예를 들어, 로드아일랜드 웨이크필드에 있는 프라우트 학교는 예수 고난회(Passionist)에서 설립한 또 다른 학교인 영국 볼튼에 있는 마운트 세인트 조셉(Mt. St. Joseph) 중학교와 1990년대부터 교류를 이어오고 있습니다. 매년 가을에는 프라우트 학생 일부가 2주 동안 마운트 세인트 조셉 학교를 방문했고, 봄에는 반대로 마운트 세인트 조셉 학생들이 프라우트 학교를 방문하였습니다. 교류 프로그램에 참여한 프라우트 학생들은 고난회가 설립한 다른 나라 가톨릭 학교에 대해 비슷한 점과 다른 점을 각각 경험했습니다. 이러한 교류는 학생들이 지니는 고정관념을 깨는 데도 도움이

학교 공동체 구성원이 비슷한 종교적 유산을 공유하는 다른 학교와의 교류에 참여한 경험에 대해 나누어 보세요.

____
____
____
____

비슷한 종교적 유산을 공유하는 학교와의 교류나 협력을 시작하고 강화할 수 있는 방법에 대해 제안해 보세요.

____
____
____
____

되었습니다.

성심학교 네트워크는 졸업 이후에도 횡적 유산에 대한 의식을 고취시킵니다. 성심학교의 교장들은 졸업생들에게 공식 행사에서 발급한 '여권'을 나누어 주며 향후 여행에 사용할 수 있도록 합니다. 여권을 받은 졸업생은 전 세계 어디에서나 성심수도회가 운영하는 학교나 수녀원에서 환영받습니다.

가톨릭 학교 주간

많은 학교가 학교의 유산과 종교적 정체성을 기념하기 위한 일환으로 가톨릭 학교 주간을 활용합니다. 이 주간에는 교사, 학생, 학부모, 조부모, 졸업생 등 다양한 학교 구성원을 초대하여 공동의 유산을 기억합니다.

위스콘신 투 리버스의 투 리버스(Two Reviers) 가톨릭 센트럴 학교는 구약 시대에서 미래의 교회로 나아가는 9년 주기의 교육 프로그램을 통해 학생들에게 가톨릭 유산의 정신을 불어넣고 있습니다. 가톨릭 학교 주간마다 전체 학교 공동체는 그해의 학습 기간에 따라 단원에 통합된 주제에 참여합니다.

매년 있는 가톨릭 학교 주간은 가톨릭 교육 지도자들이 학교의 정체성인 횡적 유산을 기념하고 각 가톨릭 학교가 미국 최대 사립학교 연합의 일원임을 기억할 수 있는 좋은 기회를 제공합니다(McDonald, 2000). 예를 들어 네브래스카 오마하에 있는 가톨릭 초등학교에서는 가톨릭 학교 주간마다 8학년 전체 학생들이 모여 교구 미사를 봉헌합니다. 이를 통해, 자신이 속한 가톨릭 학교의 국제적 확장을 강조하고 학교 공동체를 넘어 더 큰 공동체의 일원이라는 소속감을 느낄 수 있도록 해야 합니다. 따라서, 가톨릭 학교의 개념을 보다 넓게 확장해 나갈 필요가 있습니다.

펜실베이니아 그린빌에 있는 성 미카엘 학교는 일요일 오전 9시 미사를 시작으로 가톨릭 학교 주간을 시작하며, 미사 후에는 교사와 가족들을 위한 아침을 제공합니다. 월요일과 목요일에는 조부모와 손자녀가 함께 아침 식사를 하고 게임을 하며 학교에 대해 알아보는 "조부모와 함께하는 아침 식사" 행사를 개최합니다. 월요일 저녁에는 가족 롤러스케이트 파티가 열리고, 화요일 저녁에는 교사와 학생들이 학교에서 일어나는 좋은 일들을 소개하는 '오픈 하우스' 행사가 열립니다. 수요일에는 교사가 각 학급에서 무작위로 선택한 한 명의 학생에게 퍼킨스 레스토랑에서 교장과 함께하는 아침 식사의 기회를 제공합니다.

성 미카엘 학교를 배경으로 하는 지역 라디오 방송국에서는 8학년 학생들이 호스트가 되어 다른 학생과 교사들을 인터뷰합니다. 지역 신문에서도 성 미카엘 학교에 대한 특집 기사를 전면으로 다룹니다. 5~8학년 학생들은 미국 심장 협회를 위한 기금 마련을 위해 줄넘기를 합니다. 목요일에는 교사들이 8학년 학생들과 배구 게임을 펼칩니다. 금요일에는 폐막 미사와 함께 8학년 학생들의 수업이 이어집니다. 마지막으로 "친구와 함께하는 점심"(Buddy Day Lunch) 시간에는 여러 반 학생이 섞여 서로 짝을 이루며 학교의 모든 학생과 친해지는 시간을 갖습니다. 이 모든 것 외에도, 어떤 해에는 가톨릭 학교 주간에 머서 카운티에 있는 네 개의 가

학교의 횡적·종적 유산을 기념하기 위해 가톨릭 학교 주간을 활용하는 방법에 대해 나누어 보세요.

____
____
____

종교적 유산을 알리기 위해 가톨릭 학교 주간에서 시작하여 강화해 갈 수 있는 방법을 세 가지로 제안해 보세요.

1. ________________
2. ________________
3. ________________

톨릭 초등학교에서 8학년 학생 모두를 위한 "영성체로 하는 아침 식사"를 열기도 했습니다.

동문을 통한 세대의 연결

동문을 교직원으로 채용하는 것은 학교가 과거와 현재를 잇는 중요한 방법입니다. 어떤 의미에서 동문 출신의 교사는 과거에 수도서원을 한 수도자 세대가 그랬던 것처럼 학교의 유산을 구현합니다.

노스다코타 비즈마크에 있는 성 안나(St. Anne) 학교는 지역 공동체 노인들을 위해 '세대 간 연결' 프로그램을 만들었습니다. 교장은 교회 주보에 광고를 내면서 관심 있는 은퇴자에게 학교의 한 학급씩을 맡아 달라고 요청했습니다. 반응은 뜨거웠고 각 학급은 한 명 이상의 후원자를 얻게 되었습니다. 이 프로그램은 세대 간을 멋지게 연결시킬 수 있는 기대로 가득합니다. 각 학급을 맡은 후원자들은 학교에서 언제나 환영받으며 다양한 방식으로 학교의 활동에 참여합니다.

미네소타 이스트 그랜드 포크스(Grand Forks)에 있는 성심학교는 본당 한 곳이 후원하는 작은 마을의 가톨릭 학교입니다. 유치원부터 12학년까지 있는 이 학교는 80년이 넘었으며, 설립 본당은 현재 100년이 넘었습니다. 현재 재학생 중 상당수는 부모님이 성심학교를 다녔고, 그들 조부모가 이 학교를 다닌 경우도 다수 있습니다. 이러한 전통은 다음 세대의 학생들과 학교의 지지자들을 통해 도덕적 가치관 형성의 발판이 됩니다. 가톨릭 학교 주간 동안 가족들은 학교 전례, "머핀 먹는 아침", 6학년 학생 대 학부모의 농구 경기 등 다양한 활동에 참여합니다. 학생들은 편지를 써서 성심학교에 대한 추억을 공유해 달라고 요청하는 등 동문들의 지원을 독려합니다.

네브래스카의 작은 공동체 노스플랫(North Platt)에서 사는 학생들 대부분은 '부와 명예'를 이루기 위해 졸업 후 노스플랫 가톨릭 학교를 떠납니다. 하지만 그들이 경험한 학창 시절의 가치와 신앙 체험은 그들에게 그대로 남아 있습니다. 특히, 졸업생들이 부모나 형제자매의 장례를 치르기 위해 '고향'으로 돌아오는 여정은 이러한 경험의 결과를 반영하는 절정입니다. 노스플랫 가톨릭 학교에서는 교직원이 철야 예식, 장례식, 고별식에 참여하지 않는다면, 졸업생 또한 가족 장례식에 참석할 수 없다는 교육 사목적인 요소를 특별히 제시하고 있습니다. 따라서 이러한 예식에 참석하는 교직원은 졸업생을 '위해' 있는 유일한 사람일 수 있습니다. 사목의 일환으로 졸업생에 대해 의도적으로 이루어지는 이 같은 활동은, '슬픔에 잠긴 자에 대한 위로'와 '죽은 자를 위한 장례'를 통해 자신의 신앙을 공유하는 방식이며 교직원에게 특별한 은총을 경험하게 만드는 거대한 축복이 되고 있습니다.

학교의 동문과 세대 간의 연결에 대해 생각해 보세요.

- 학교의 종교적 유산과 사명을 동문과 어떻게 연결시키고 있습니까?
- '기억의 공동체'와 '희망의 공동체'를 구축하기 위해 동문들과 교류하도록 재학생에게 제공하는 기회는 무엇인가요?

학교의 동문과 세대 간을 연결하는 봉사활동을 통해 학교의 종교적 사명을 강조할 수 있는 방법 세 가지를 제안해 보세요.

1. ____________________
2. ____________________
3. ____________________

소 결 론

가톨릭 교육 지도자는 학교 역사에 관심을 기울임으로써 구성원들이 과거를 잊지 않는 견고한 문화를 조성합니다. 가톨릭 교육 지도자는 학교의 종교적 유산의 중요성을 파악하여 학교 구성원들에게 자신보다 더 중요하고 지속적인 무엇인가에 뿌리를 두는 소속감을 제공합니다.

따라서 가톨릭 교육 지도자는 학교가 종교적·역사적 유산을 지속적으로 재발견하고 발전시킬 뿐만 아니라, 필요하다면 재정립할 수 있도록 도와야 할 의무가 있습니다. 가톨릭 문화의 건축가로서 가톨릭 교육 지도자들은 강력하고 활기찬 가톨릭 학교 문화를 구축함으로써 학교를 '기억의 공동체'에서 '희망의 공동체'로 변모시켜야 합니다.

제 9 장

문화의 전달자

● 문화의 전달자

문화 전달자는 문화를 '운반하는 자'로서 어떤 집단에서 비공식적 의사소통이나 네트워크를 통해 문화를 형성하는 데 중심적인 역할을 하는 인물들을 의미합니다(Deal & Kennedy, 1982, p.15). 이들은 직책을 표시하는 조직도에 나타나지 않는 "숨은 계층"(p.85)에 불과하지만, 그 영향력을 결코 무시할 수 없습니다. 이와 같은 비공식 지도자가 개인적인 영향력을 이용해 조직을 구축하거나 무너뜨릴 수 있기 때문입니다.

지도자는 이러한 현실에 주목하고 조직의 목표를 추구하기 위해 비공식 지도자들과 연합을 이룰 필요가 있습니다. 이를 위해서는 상당한 설득력이 필요하지만, 다양한 하위문화가 저항 문화를 형성하는 대신 오히려 조직의 문화를 지지하고 지원하는 노력의 성과를 거둘 수 있습니다. 무엇보다, 문화가 한 개인에 의해 구축되는 것이 아님을 지도자가 깨닫는다면, 조직에 다른 문화 주체들을 포용하고 적응시키면서 조직 문화 건축가의 역할을 수행해 나갈 것입니다.

가톨릭 문화

가톨릭교회의 많은 단체와 개인은 비공식적으로 종교적 유산을 전수합니다. 특히, 남녀 수도회는 여러 세대에 걸쳐 가톨릭 학교를 통한 가톨릭 문화로 사회화를 이루었습니다. 마찬가지로 비밀 결사 혹은 친목 단체로 활동하는 콜럼버스 기사단과 수많은 여성 신심회는 회원들에게 다양한 가톨릭 생활을 경험할 수 있는 기회를 제공했습니다. 텔레비전은 1950년대의 풀턴 쉰(Fulton Sheen) 주교와 1990년대의 안젤리카(Angelica) 총장 수녀를 포함하여 가톨릭 신자들이 스토리텔러로 활동할 수 있는 발판을 제공하며 사회화의 새로운 수단이 되었습니다. 마찬가지로 가톨릭 잡지와 신문, 그리고 영적 성장에 활기를 불어넣고 가톨릭적 상상력을 자극하는 주제에 대해 글을 쓰는 작가들도 가톨릭 문화의 전달자 역할을 하고 있습니다.

학교 문화

다른 조직과 마찬가지로 학교도 조직의 정치적 특

성에서 자유로울 수 없습니다. 모든 학교에는 정보 통로, 기억 장치, 사람들이 협상하는 토론 장소 등의 비공식적인 지하 네트워크가 존재하기 때문입니다.

Deal과 Peterson(1999)은 이 비공식 네트워크의 주요 특징들을 다섯 가지 범주로 구분했습니다. 이 가운데 하나인 영웅과 주인공의 범주는 4장에서 이미 다루었습니다. 나머지 네 가지는 사제, 스토리텔러, 소문, 감시자의 범주로 구분할 수 있습니다.

첫째, 사제는 오랫동안 학교를 지켜왔고 동료들로부터 존경을 받는 사람들입니다. 이들은 학교의 조직도에서 확인할 수도 또는 아닐 수도 있지만, 과거의 학교와 연결고리를 제공합니다. 사제들은 각자의 개성을 통해 '가치의 수호자'로서 학교 문화를 관장합니다(p.56).

현명한 교장은 이러한 사람들이 학교 문화의 '파괴자' 또는 '브로커'가 될 수 있으며, 변화가 요구될 때 '문제를 함께 해결해 나가는 동맹'이 될 수 있다는 것을 알고 있습니다. 이러한 사람들의 마음을 얻지 못하면 이들은 되려 방해꾼이 될 수 있습니다. 따라서 교장은 변화에 필요한 지지를 얻기 위해 이들 개인과 민첩하게 협력하여 일을 추진하는 데 필요한 '응원'을 받으며, 이들을 움직이는 변화의 기준으로 활용할 필요가 있습니다.

두 번째 범주는 재직 기간 동안 이야기를 만들고 들려줌으로써 핵심 가치를 전달할 수 있는 스토리텔러가 해당됩니다. 이러한 방식으로 "한 기관의 기억은 한 세대에서 다른 세대로 전승됩니다"(Johnston, 1987, p.81). 스토리텔러는 학교의 집단 기억을 소유하고 있기 때문에, 학교의 기억 장치로서 학교 문화의 전달자 역할을 합니다.

학교의 동문인 교사는 학교가 배출한 인재로서 학생들 앞에 서서 학교의 과거와 현재를 연결합니다. 예를 들어, 영화 「죽은 시인의 사회」에서 웰튼 학교를 졸업한 키팅 선생은 현재의 학생들이 사용하는 책상에서 한때 공부를 하였습니다. 비슷한 경험을 공유하면서 키팅과 학생들 사이에는 공생하는 유대감이 형성되었습니다.

문화 전달자의 세 번째 범주로는 '소문'이 해당됩니다. 인정하든 아니든 '교직원을 위한 공간'은 인터넷 '채팅방'처럼 '소문의 중심'이 되는 기능을 합니다. 일반적으로 교직원을 위한 공간은 긍정적인 역할을 하지만 순식간에 '유독한' 에너지가 넘치는 장소로 변질될 수 있습니다. 이는 칼을 갈고 있거나 지쳐 소진된 베테랑 교사로부터 부정적인 영향을 받을 수 있는 신입 교사에게 특히 위험합니다(Keller, 1999).

네 번째 범주는 '감시자'를 들 수 있습니다. 이들은 정보를 관찰하고 전달합니다. 학교에서 감시자들의 네트워크가 발견된다는 것은 학교의 협상과 거래가 지하 네트워크에서 많이 이루어진다는 사실을 의미합니다.

이러한 범주에 대해 두 가지 점에서 주목할 필요가 있습니다. 첫째, 학교의 비공식 네트워크는 교사에게만 국한되지 않습니다. 신임 교장은 학부모, 동문, 이사회 구성원, 학생 등 비공식 네트워크에 참여하는 많은 이들을 빠르게 알게 됩니다. 일상적인 학교 운영에서는 관리인과 비서도 문화적 전달자의 역할을 합니다. 관리인은 권위를 가진 인물이 아니기 때문에 관리자와 교사가 일반적으로 알 수 없는 활동을 목격합니다. 또한 비서는 그들의 비공식적인 네트워크가 학교 담장을 넘어 확장되게 하는 귀중한 문화 전달자의 역할을 합니다. 이러한 문화적 전달자는 변화를 방해하는 장애물이 될 수 있습니다. 이러한 경우 학교장은 학교를 드러내는 문화를 조성하기 위해 이들과 협력하거나 필요한 경우 이들을 교체해야 합니다.

둘째로, 학교의 비공식 네트워크와 학교의 정치적 특성을 이해하며 협력하는 것은 교장의 역할입니다. 물론 이러한 것들이 여러 가지 불편함으로 다가올 수 있으나, 유능한 교장은 학교의 비공식 지도자들과 동맹을 맺고 그들의 의사소통 네트워크를 눈여겨 관찰해야 합니다. 요약하면, "성공이나 성취 그리고 학교의 핵심 가치에 대한 헌신의 이야기로 네트워크를 채우는 것"이 교장의 임무입니다(Johnston, 1995, p.15).

가톨릭 학교 문화

가톨릭 학교 문화는 일상의 모범을 통해 강화되어야 하는 그리스도인의 삶의 방식이라는 전제하에 구축되며, 교사는 이를 주도하는 문화적 주체입니다. 이는 제2차 바티칸 공의회 문헌에서 제시한 "교사들은 자신들이 바로 가톨릭 학교가 그 목적과 계획을 실행할 수 있게 하는 주역임을 명심해야 한다"(2차 바티칸 공의회 문헌, 「교육의 중대성」, 1965a/2008, 8항)는 대목에서 잘 나타납니다. 그로부터 12년 후 가톨릭 교육성성은 "교사들은 그들의 증언과 행동으로 가톨릭 학교의 특수한 성격을 드러내는 데 첫째가는 중요성을 차지한다"(가톨릭 교육성성, 1977/2022, 78항)고 천명하며 이 비전을 재확인하였

학교의 생활 방식에서 여러분이 경험한 "그리스도교 인격주의"에 대해 성찰해 보세요.

- "영혼 간의 친밀한 소통"을 경험한 순간이 있나요?"

____
____
____
____

- 학교의 문화를 가장 잘 설명하는 문장에 체크 표시를 해 보세요

_______ 학생의 신앙 형성은 모든 교사들의 책임입니다.
_______ 학생의 신앙 형성은 종교 교사의 책임입니다.

교직원이 '그리스도교 인격주의'의 차원에서 학생들을 사목할 수 있도록 가르침에 헌신할 수 있는 방법을 세 가지로 제시해 보세요.

1. ______________________
2. ______________________
3. ______________________

습니다. 한편, 혹자들은 종교 교사가 학교의 종교적 사명에 대한 책임감을 지녀야 한다고 주장하지만, 미국 가톨릭 주교회의(1976)는 "종교를 가르치는 교사뿐만 아니라 모든 교사가 교육에 관한 사목을 공유해야 한다"(National Conference of Catholic Bishops, 1976, p.4)고 응답합니다. 가르침을 통해 실천하는 가톨릭 학교의 사목은 각각의 교사가 문화적 주체자로 인식하여, 모든 규칙을 초월하는 책임감을 갖게 합니다.

따라서 가톨릭 학교 환경에서 가르침은 영적인 것을 포함하여 여러 면에서 관계적인 특성을 갖습니다. 이에 대해 Jacobs(1997/2024) 신부는 교황 비오 12세의 사상을 반영하여 교사와 학생 간의 만남을 "영혼 간의 친밀한 소통"(p.124)이라고 표현합니다. 가톨릭 학교 문화에서 학생과 교사의 관계는 "교사 안에 구현된 부활하신 스승 예수의 위대함을 본받으려는"(p.130) 그리스도교 인격주의에 스며들어 있습니다.

마지막 분석 결과에 의하면, '복음 문화'의 특징은 학생과 교사 사이에 이루어지는 영적 만남의 질입니다. "오직 신앙을 가진 이들만이 신앙을 공유할 수 있기 때문에", 가톨릭 교육 지도자들은 이 중요한 변화를 불러올 교사를 의무적으로 채용·고용·평가·유지할 필요가 있습니다(National Conference of Catholic Bishops, 1979, n.207).

문화 건축 계획:
가톨릭 가치와 종교적 사명을 위한 교직원의 사회화

문화 전달자들이 문화 전파에 대해 관심을 가지는 동안, 이론가들은 사회화의 중요성을 강조합니다(Deal & Peterson, 1990, 1999; Schein, 1992; Trice & Beyer, 1993; Sergiovanni, 1995a). Trice와 Beyer(1993)는 사회화를 "어떤 사람에게 문화의 실체와 형태를 심어 주는 것"(p.129)으로 정의합니다.

종교 공동체가 가톨릭 학교에 교사를 파견했을 때는 종교 공동체의 역할로 말미암아 교사에 대한 사회화가 자연스럽게 이루어졌습니다. 하지만 더 이상 이러한 형태는 존재하지 않습니다. 따라서 가톨릭 문화의 건축가인 가톨릭 교육 지도자들은 가톨릭 학교의 교원 채용, 선발, 양성, 평가를 통해 가톨릭 학교의 문화 전달자들이 공식적이고 지속적으로 사회화되는 데 우선권을 두어야 합니다.

교직원 선발

의심할 여지 없이 교장의 직무 가운데 가장 중요한 것 중 하나는 유능하고 자격을 갖춘 교사를 채용하는 것입니다. 좋은 학교를 구별하는 것이 학생과 교사 사이의 상호작용의 질에 있기에 학교의 성패를 좌우하는 것은 교사의 자질입니다. Deal과 Peterson(1999)은 강력한 학교 문화를 형성하는 데 효과적인 전략을 수행하는 교장들에 대한 연구에서, 가장 공통적인 것이 신중한 교원 선발이라는 결론을 내렸습니다.

가톨릭 학교가 관심을 두는 종교적 사명은 또 다른 고민거리이기도 합니다. 교회가 보기에 가톨릭 학교 교사는 "그리스도인의 특수한 소명을 수행하는 동시에 교회의 사명에도 특수하게 참여"하는 공적 사목자입니다(가톨릭 교육성성, 1997/2022, 19항). 가톨릭 학교가 종교적 목적을 달성하려면 새로운 교원을 선발할 때 이러한 측면을 훼손해서는 안 됩니다. 가톨릭 교육 지도자는 "가톨릭 학교의 사도적 목표와 성격을 고려할 때 적절한 자격을 갖춘 교사"를 채용하는 데 우선순위를 두어야 합니다(National Conference of Catholic Bishops, 1979, n.215).

채용 절차가 부담스럽고 시간이 오래 걸리지만, 가톨릭 교육 지도자들은 새로운 교원을 채용할 기회를 불편함이 아닌 축복으로 여기는 것이 좋습니다. 먼저, 신규 채용의 경우 교장은 채용 절차가 시작되는 순간부터 학교의 공식적인 지도자로 자리매김하게 됩니다. 더 중요한 것은 채용 과정 안에서 교장은 학교의 사명을 홍보하는 데 기꺼이 참여하는 교직원의 문화를 구축할 수 있다는 점입니다.

가톨릭 교육 지도자는 후보자의 교육 철학을 평가하는 것 외에도 후보자가 학교의 종교적 사명에 대해 갖게 되는 솔직한 생각을 확인할 수 있는 토론에 참여시켜야 합니다. 효과적인 면접을 위해 후보자가 면접 전에 학교의 사명 선언문을 공부할 기회를 가졌다면 도움이 됩니다. 토론 시간 동안 학교장은 후보자의 개인적 삶에서 차지하는 신앙의 위치와 후보자가 학교의 종교적 사명에 어떤 기여를 할 수 있는지에 대한 질문을 할 필요가 있습니다.

McBride(1983)와 Newton(1979)은 가톨릭 학교의 종교적 사명에 참여하고자 하는 후보자의 의지에 초점을 맞춘 면접 질문을 제시합니다. 이는 학교의 종교적 사명과 각 지원자의 개인적, 직업적, 종교적 태도를 평가하는 데 도움이 됩니다. [그림 14]는 가톨릭 교육 지도자가 후보자를 평가하는 데 사용할 수 있는 9가지 질문입니다.

〔그림 14〕
종교적 사명과 개인적 신앙: 후보자 인터뷰 질문의 예시

- 하느님에 대한 당신의 이미지는 무엇인가요?
- 예수님께서 당신의 삶에 어떻게 개입하시나요?
- 언제 기도하시나요? 어떤 기도의 형태가 가장 편하신가요?
- 어떤 방식으로 신앙을 실천하고 계신가요?
- 가톨릭 신자입니까? 어느 본당에 소속되어 있나요?
- 가톨릭 학교에 다닌 적이 있나요? 그렇다면, 긍정적/부정적 경험은 무엇인가요?
- 이 학교에 지원한 이유는 무엇인가요?
- 가톨릭 학교에서 가르치는 것의 매력은 무엇인가요?
- 이 학교의 종교적 사명에 기여할 수 있는 구체적인 방식은 무엇인가요?

아마도 가톨릭 학교 교사 채용에 대한 가장 체계적인 접근은 갤럽(구 SRI)에서 개발한 '가톨릭 학교 교사 인식 면접'(CTSPI)을 활용하는 것입니다. 그러나 교장이 지원자의 잠재력을 평가할 때 CTSPI를 효과적으로 사용하려면 연수를 받는 것이 필요합니다.

일부 가톨릭 교육 지도자들은 학교의 종교적 사명에 초점을 맞춘 채용과 면접 지침을 개발했습니다. 로드아일랜드주 운소켓에 있는 마운트 세인트 찰스(Mt. St. Charles) 아카데미의 교장은 전문 자격 못지않게 가톨릭 교육의 핵심인 공동체 의식을 키우는 데 필수적인 신앙을 나누고 키울 수

최근에 새로운 직원을 채용한 경험을 떠올려 보세요.

- 일반적으로 학교에서 나타나는 가톨릭 학교의 종교적 사명과 가르침의 봉사에 대해 설명하기 위해 각 응시자에게 제공한 자료는 무엇입니까?

____
____
____

- 향후에 제공해야 할 사료에 대해 생삭해 보세요.

1. ____________
2. ____________
3. ____________

각 후보자가 토론에서 학교의 종교적 사명에 기여하며, 개인의 영성에 대해 이야기를 나눌 수 있게 하는 방법은 무엇인가요?

향후에 물어볼 면접 질문을 추가해 보세요.

1. ____________
2. ____________
3. ____________

있는 능력을 중시합니다. 따라서 채용 과정에서 지원자가 지닌 학교의 사명에 대한 이해, 기도와 전례에 대한 개인적인 편안함, 신앙생활 등에 대한 관심에 집중합니다. 이는 교장이 학교의 사명과 교직원에 대한 기대치를 명확히 설명할 수 있는 배경이 됩니다.

- 학급 학생들과 함께하는 기도에 매일 참석하는 것
- 학교의 전례 생활을 공유하고 지원하는 것
- 학교의 영적 생활에 적극적으로 참여하는 것

교사를 찾는 것은 쉽지만, 교사가 교육의 경이로움에 눈을 뜨고 학생들과 그들이 지닌 어려움에 마음을 열며, 새로운 교육 방향에 도전 정신을 갖게 하는 것은 매우 어려운 일입니다. 표면적으로는 다른 면접과 크게 다르지 않은 질문이 많지만, 많은 지원자가 전문적 자질을 지니고 있기 때문에 인성, 개방성, 유연성, 학생 중심, 영성의 중요성에 대한 후보자의 답변은 더욱 많은 것을 말해 줍니다. 그리고 질문에 대한 답은, "괜찮습니다" 또는 "문제없습니다"라는 답변부터 자신과 학생들을 위한 영적 생활을 포함한 교육에 대한 비전까지 다양합니다. 이는 "이 사람이 우리가 꿈꾸는 공동체를 함께 건설할 수 있는 사람입니까?"라는 질문에 대한 답이 면접을 통해 드러나는 과정입니다.

학교의 종교적 사명을 발전시키는 데 있어 각 교사 후보자의 역할과 관련하여 논의할 수 있는 것은 무엇인가요?

향후 추가로 언급해야 할 사항을 제시해 보세요.

1. ____________________
2. ____________________
3. ____________________

교직원 오리엔테이션

신규로 채용된 교직원은 무엇보다도 공식적으로 종교적 사명을 다루는 오리엔테이션에 참여해야 합니다.

웨스트버지니아 모건타운에 있는 성 프란시스 센트럴(St. Francis Central) 가톨릭 학교에서는 새로 임용된 교사들이 학기 시작 전에 있는 공식 오리엔테이션을 통해 자신들에 대한 지지를 확인하며 역량을 강화해 나갑니다. 이 프로그램에서 신임 교사는 학교의 철학과 비전, 학부모와 학생 및 교직원 핸드북 그리고 일반적으로 해야 할 것들을 숙지합니다. 또한 교장은 모든 신임 교사에게 교원 멘토를 배정하여 신임 교사의 전문성 개발에 특별한 관심을 갖도록 합니다. 멘토는 신임 교사를 안내하고 지지하며, 궁금한 질문이나 어떤 사안과 관련하여 공개적으로 소통합니다.

매사추세츠 우스터 교구의 가톨릭 학교 사목부는 교구 차원에서 신임 교사 오리엔테이션을 진행하며 이를 3개년 과정의 프로그램으로 발전시켰습니다. 전통적으로 신임 교사 오리엔테이션에는 학교를 설립하고 수십 년 동안 교직원을 파견한 종교 공동체의 카리스마를 가톨릭 학교의 새로운 교직원에게 소개하는 종교적 사명과 관련한 부분이 포함됩니다. 그래서 참가자들은 소그룹으로 나뉘어 두 가지 질문에 초점을 맞춥니다: 1) 오늘날 학교 공동체에서 이러한 카리스마는 어떻게 실천되고 있는가? 2) 이러한 카리스마가 학교생활에 계속 스며들게 하려면 학교 구성원들은 무엇에 관심을 기울여야 하는가? 교구 교육부 부국장은 신임 교사들이 이 세션을 어떻게 받아들이는지에 대해 다음과 같이 언급하였습니다. "우리는 그들이 보였던 창립 카리스마에

교직원 오리엔테이션에서 종교적 사명, 카리스마, 사목의 가르침을 다룰 수 있는 방법에 대해 논의해 보세요.

____
____
____
____

오리엔테이션 프로그램에서 종교적 사명, 카리스마, 사목의 가르침을 강조할 수 있는 방법을 제안해 보세요.

1. __________________
2. __________________
3. __________________

대한 관심과 유산을 전수해야 할 그들의 소명에 대한 열의에 끊임없이 놀랍니다. 한 사람 한 사람의 평가는 세션 이후에 보여 준 기쁨과 새로운 사명감, 자부심이 말해 줍니다"(1999년 6월, P. Halpin). 카리스마에 관한 이 같은 영역은 3개년 프로그램으로 구성된 광범위한 세션입니다.

교직원 양성

적절한 양성 없이 교사나 교직원에게 학교의 종교적 사명에 참여하도록 요구하는 것은 아무런 배경지식이나 훈련이 없는 사람에게 수학을 가르치라고 하는 것과 비슷합니다.

가톨릭 학교의 복음적 사명의 핵심 주체로 가톨릭 학교 교사를 바라보는 것은 교사가 이러한 역할을 수행할 수 있도록 준비시켜야 한다고 강조하는 교회 문서에서도 잘 확인할 수 있습니다. 이에 대해 가톨릭 교육성성은 「가톨릭 학교에 관한 지침」에서 다음과 같이 제시합니다. "교사들은 그들의 증언과 행동으로 가톨릭 학교의 특수한 성격을 드러내는 데 첫째가는 중요성을 차지한다. 그러므로 적절한 형태의 사목적 배려를 통해서 그들의 계속적 양성을 도모하는 일은 불가결한 것이다"(가톨릭 교육성성, 1977/2022, 78항). 뿐만 아니라, 이로부터 5년 후에 발표된 「학교 내의 가톨릭 평신도: 신앙의 증인들」에서는 평신도 가톨릭 교육자들이 교회의 교육 사명에 온전히 참여하려면 체계적인 양성 및 지원이 필요하다고 설명했습니다. 이 문서는 “너무나도 자주 가톨릭 평신도들은 일반적이며 문화적인 양성, 무엇보다도 특별히 전문적인 양성과 맞먹을 만한 그런 종교적 양성의 기회를 가지지 못한 것이다”(가톨릭 교육성성, 1982/2022, 60항)라고 지적합니다. 따라서 가톨릭 학교 교사가 자신의 고유한 교육적 역할을 수행할 수 있도록 준비시키기 위해서는 ‘개인적 성화’와 ‘사도적 사명’을 모두 고려한 양성 교육이 이루어져야 합니다. 즉, 종교적 양성뿐 아니라, 전문성 개발도 지속적으로 이루어져야 합니다(68항). 비록 「학교 내의 가톨릭 평신도: 신앙의 증인들」에서는 교사가 신앙과 문화에 관한 학생들과의 대화에 참여하도록 돕기 위해 교사 양성 센터를 만들 것을 권장하지만, 실제 이 문서는 궁극적으로 교사가 학교와 지도자에게 기대해야 할 사항이 무엇인지 구체적으로 명시하고 있습니다.

> 학교의 사명에 속하는 것으로서 학교에 고유한 한 요소는 평신도 직원들의 계속적인 직업과 종교적 양성에 대한 확고한 배려이다. 평신도들은 학교에서 방향 제시를 기대할 수 있어야 한다. 그리고 필요하면 특별히 시간을 할애해 주기도 하는 등, 그들이 필요로 하는 협조를 기대할 수 있어야 한다. 양성은 불가결하다. 양성이 없다면 학교는 그 목표들에서 점점 더 멀어져 가게 될 것이다. (79항)

전국의 가톨릭 교육 지도자들은 다양하고 창의적인 방식으로 교직원들의 신앙적 발전의 필요성에 응답하고 있습니다. 통상적으로 전문성 개발에 있어 종교적 차원은 개인적 영성 요소와 대중 사목적 요소를 포함합니다.

일부 학교에서는 교장이 정기적으로 교사들이 함께 모여 기도할 수 있는 환경을 조성합니다. 네브래스카 오마하의 성 마가렛 메리(St. Margaret Mary) 학교의 교장은 매일 교직원과 함께 아침 기도를 하며 하루를 시작합니다. 매일 5분간 진행되는 이 기도에 교직원들은 자발적으로 참석합니다. 이 기도 모임에서는 교사와 관리자가 돌아가면서 기도를 진행합니다. 이 기도 모임에 대해 교장은 "매일 교직원의 약 50%가 참석한다"라고 이야기합니다(1997년 1월, J. Andrews). 플로리다 보카러톤(Boca Raton)에 있는 성 잔 다르크(St. Joan of Arc) 학교의 교장은 매주 월요일 방과 후 개별 교사가 진행하는 교직원 기도 모임을 만들었습니다.

캘리포니아 페리스에 있는 성 제임스(St. James) 학교에서는 교장이 정기적으로 열리는 교직원 회의에 종교적 성장과 기도의 시간을 포함시킵니다. 각 교사는 돌아가면서 교직원과 함께 할 수 있는 기도를 준비합니다. 또한, 종교적 성장을 돕기 위해, 교직원은 단체로 토의할수 있는 텍스트를 공동으로 읽기도 합니다. 최근 교직원들은 2000년 대희년을 준비하기 위해 발표된 사도 서한인 『제삼천년기』(*Tertio Millennio Adveniente*) 읽고 묵상했습니다. 교장에 의하면, "교사들은 성 제임스 학교에서 제공하는 지속적인 영적 성장의 기회와 교육에 대해 자주 감사를 표현하였습니다. 모임에서 신앙 나눔에 참여하려는 교직원들의 열정이 나타납니다"(1997년 1월, M. Coleman).

가톨릭 학교의 사명에 부응하기 위해 캘리포니아

사우스샌프란시스코에 있는 올 소울스 가톨릭 학교의 교장은 다음과 같은 영적 성장과 양성의 기회를 제공합니다:

- 교직원들은 대림절과 사순절 동안 수업 시작 전에 모여, 매일 함께 기도하는 시간을 갖습니다.
- 매년 8월, 교목 신부와 교직원들은 1박 2일 피정을 떠납니다. 이 피정은 교장이 한 해의 종교 관련 회의와 통합하여 교직원의 신앙 발전을 돕기 위해 제공하는 시작 세션입니다.
- 도덕 교육 프로그램에 도움이 되는 최적의 환경, 분위기, 정신을 조성하기 위해 교장은 교직원 도덕 교육 핸드북을 개발했습니다.

교장은 "이러한 노력을 통해 우리는 학교에서 도덕적 인성 발달을 촉진하는 환경을 조성하여 청소년들이 그리스도의 가르침에 따라 올바른 윤리적 선택을 할 수 있는 기회가 있기를 희망합니다"라고 강조하였습니다(1997년 1월, E. Gorman).

많은 가톨릭 교육 지도자가 교원의 신앙 양성을 위해 2년 혹은 3년에 걸쳐 미국 가톨릭 교육협회(NCEA)에서 개발한 신앙 나눔 프로그램을 운영하고 있습니다. 이 프로그램은 개인의 영성을 키우고, 교직원의 신앙 공동체를 구축하며, 학교의 종교적 사명에 대한 교직원의 헌신과 참여를 강화합니다.

어떤 가톨릭 학교 지도자들은 교원 종교 개발 프로그램을 교구에서 후원하거나 의무화하는 방식으로 통합하기도 합니다. 플로리다 보카러톤의 성 잔 다르크 학교는 계약

1982년 가톨릭 교육성성에서 발표한 「학교 내의 가톨릭 평신도: 신앙의 증인들」는 가톨릭 교육 지도자들이 학교 교직원의 영적 성장과 신앙 공동체를 위해 그들을 '간절히 돌볼 것'을 요구합니다.

학교에서 간절한 보살핌을 받은 경험이 있다면 그 경험에 대해 이야기해 보세요.

____
____
____
____

학교 교직원들을 위한 영적 성장과 신앙 공동체를 구축할 수 있는 계획을 세 가지로 적어 보세요.

1. ______________
2. ______________
3. ______________

교직원들이 내충 사목 수행에 필요한 자원과 기술을 제공하는 과정에서 '솔선수범'으로 실천할 수 있도록 어떻게 도움을 주고 있습니까?

____
____
____
____

갱신 요건으로 교리교사 자격증을 소지한 교사는 상급 교리교사 자격증을, 교리교사 자격증이 없는 경우에는 기본 교리교사 자격증을 취득하도록 제시합니다. 모든 교직원은 자격증을 갱신하기 위해 10시간의 신학 과정을 수강해야 합니다. 또한 교사는 연례 교구 교리의 날에 참여해야 합니다. 잔 다르크 학교의 한 원로 교사는 많은 가톨릭 교육 지도자들의 정서를 반영하는 말을 다음과 같이 표현합니다. “우리는 교직원 간의 공동체를 구축하기 위해 끊임없이 노력하고 있습니다. 가톨릭의 교사 양성은 본질적으로 지속적인 과정입니다”(1997년 1월, L. Davidson).

켄터키 루이빌에 있는 성 라파엘 학교의 종교 교육과정 개발팀은 학교의 가톨릭 정체성을 증진하고 유지하기 위한 지침을 개발했습니다. 이 지침은 모든 교사가 가르쳐야 할 가치, 규칙으로서 지켜야 할 교회에서의 예절, 교회의 전례에 대한 전적인 참여와 같은 내용을 포함하고 있습니다. 또한, 교장과 교육과정 개발팀은 ‘민감한’ 모든 문제에 관한 새로운 교리교육의 가르침을 교사에게 안내합니다. 또한, 주간 ‘알림 사항’과 소식지에는 가톨릭 정체성을 다루는 섹션이 포함되어 있습니다. 두 간행물 모두 교사와 학부모에게 학교의 가치를 증진할 방법을 제안하고 있습니다.

교사의 신앙 개발에 집중한 결과로 대중 사목과 교실 수업이 연결된다면, 교사들은 가톨릭 학교로서 학교의 목적을 더욱 효과적으로 전달할 수 있습니다. 이러한 순간에 가톨릭 교육 지도자들은 큰 자부심을 느끼고 개인적, 업무적으로 깊은 만족을 경험할 수 있습니다.

미네소타 덜루스에 있는 홀리 로자리(Holy Rosary) 학교의 교장은 "교사가 학생들이 선한 것을 선택하도록 지도하는 데 도움이 되는 영적 적용의 관점에서 교실 문제를 다루는 모습을 보는 것은 가슴 벅찬 일입니다. 교사와 학생의 이러한 만남은 홀리 로자리 학교의 특징이 되는 근본적인 가치관을 형성하는 기본 토대를 만듭니다"(1997년 1월, P.D. Vekich).

교직원 평가에서 종교적 사명의 역할에 대해 생각해 보세요.

- 학교의 종교적 사명 실천의 책임과 관련하여 학교가 교직원에게 기대하는 바는 무엇인가요? 이러한 책임이 명시된 학교 문서를 제시해 보세요.

____

____

____

____

- 학교의 종교적 사명에 비추어 교직원 평가에 사용되는 평가 절차와 도구에 대해 설명하세요.

____

____

____

____

학교의 종교적 사명과 교직원 평가 간의 연결을 강화하기 위한 계획안을 만들어 보세요.

1. ______________________
2. ______________________
3. ______________________
4. ______________________

교직원 평가

세속 학교뿐만 아니라 종교 학교에서도 교장은 각 교사의 수업 능력과 학생의 학업 성취도를 평가합니다. 교사를 평가하는 방식에 대해 모두가 동의하는 것은 아니며, 원칙적으로 교사를 평가할 수 있는 적절한 항목은 거의 없습니다.

종교적 사명은 가톨릭 학교를 세속 학교와 구별시키고 "교육 사목에 대한 참여는 '종교 수업'을 담당하는 사람들뿐만 아니라 모든 교사들에게 해당됩니다"(National Conference of Catholic Bishops, 1976, n.4). 따라서 가톨릭 교육 지도자들은 학교의 종교적 사명에 비추어 교사를 평가할 필요가 있습니다. 이러한 과제를 해결하기 위해 Newton(1978)은 교원의 선발·개발·평가의 3단계로 이루어진 교원 성장에 대한 포괄적인 계획을 제안합니다. Newton은 학교의 종교적 사명에 대한 교사의 기여도를 학교의 학문적 사명에 대한 교사의 기여도와 함께 평가해야 한다고 주장합니다.

네브래스카 오마하의 크레이튼 프렙에서 실시하는 교사 계약이나 평가 도구는 학교 전체의 교육 사명과 연결

다음의 사항을 고려하여 학교 교직원의 종교적 사명의 실천에 관한 면을 'A'부터 'F'사이에서 평가해 보세요.

_____ 기대 사항에 대한 명확한 제시
_____ 기대에 부응하는 구체적인 행동과 활동
_____ 다양한 교직원을 수용할 수 있는 유연성
_____ 평가 과정의 일환으로서 자기 평가

학교의 성적을 향상시키기 위해 취해야 할 조치

1. ____________________
2. ____________________
3. ____________________

되어 있습니다. 계약서에는 구체적인 교사의 책임이 명시되어 있으며, 이냐시오 교육자의 개요, 크레이튼 프렙의 핵심 가치, 졸업생의 프로필과 같은 중요한 자료를 참조할 것을 요구합니다. 이를 통해 각 교사는 도착하는 순간부터 무엇을 해야 할지 기대하게 합니다. 그리고 재직 교사 프로그램은 종종 이러한 중요한 자료에 요약된 원칙을 중심으로 전개됩니다.

예수회 학교의 교육자를 특징짓는 이냐시오 교육자에 대한 특성은 지적 경쟁력, 종교성, 성장에 대한 개방성, 사랑스러움, 정의의 헌신과 같은 다섯 가지 차원으로 명시되어 있습니다. 평가 도구도 범주에 따라 구체적인 교수 행위, 태도, 참여로 나누어집니다. 교사는 이러한 평가 기준에 따라 평가됩니다.

이냐시오 정체성은 교원 성과 평가에서 큰 비중을 차지합니다. 모든 교사는 학생의 영적 발달에 관심을 가져야 합니다. 모든 교사는 학생 피정 지도, 봉사활동, 학생 기도 모임 지도 가운데 적어도 한 가지 이상의 영적 활동에 참여해야 합니다.

교장은 신임 교사가 교직 생활을 시작한 첫 5년 동안 교실을 방문하여 그들과 면담 일정을 잡습니다. 교장은 평가 도구, 관련 문서 및 계약 항목을 연간 성과 평가의 기초 자료로 사용합니다. 교장이 공식적인 평가서를 작성할 때는 교사의 성과와 관련하여 체육부장, 상담부장, 교목부장, 교사 전체의 책임자와 학생들 등의 다섯 가지 분야에서 수집한 피드백을 참고합니다. 이를 통해 학교의 전체 사명에 대한 교사의 기여도를 균형 있게 파악할 수 있습니다.

학교에서 근무한 지 5년이 지난 교사가 좋은 성과를 유지하고 석사 학위 또는 학사 학위 외의 36시간을 이수한 경우에 정년 자격을 부여하며, 그 후에는 평가를 3년마다 폭넓은 방식으로 진행합니다. 그러나 교장은 서면 평가를 매년 계속해서 실시합니다.

가톨릭 교육 지도자는 교직원 평가에 종교적 측면을 통합할 때 다음과 같은 사항을 고려해야 합니다.

- 교직원의 종교적 사명 기여에 대한 학교의 기대치 및 평가 방식은 교직원 핸드북에 명시되어야 합니다.
- 학교의 기대치와 평가 방법은 가능한 한 일관성이 있어야 합니다. 예를 들어, 교사가 매 수업 전에 기도한다는 학교의 기대는 관찰 가능한 행동입니다. 마찬가지로, 사회과 교사가 가톨릭 사회 교리를 교육과정에 통합한다는 학교의 기대는 수업 계획과 교실 방문을 통해 문서화할 수 있습니다.
- 학교의 기대치는 각기 다른 위치에 있는 교육자의 현실적인 신앙 여정에 맞게 유연하게 조정되어야 합니다.
- 학교생활에서 종교적 차원에 대한 교직원 평가는 성찰, 대화, 성장을 촉진하는 자기 평가 요소가 포함되어야 합니다.

Newton(1978)의 제안 사항이 출판된 지 20년이 넘은 지금까지도 종교적 사명에 비추어 시행하는 교직원 평가가 규칙보다는 예외에 가까울 가능성이 여전히 큽니다. 이는 교직원 평가를 위한 도구와 프로세스를 개발하는 것이 가톨

다음의 사항을 고려하여 학교 교직원의 종교적 사명의 실천에 관한 면을 'A'부터 'F'사이에서 평가해 보세요.

____ 기대에 대한 명확히 제시
____ 기대에 부응하는 구체적인 행동과 활동
____ 다양한 교직원을 수용할 수 있는 유연성
____ 평가 과정의 일환으로서 자기 평가

학교의 성적을 향상시키기 위해 취해야 할 조치

1. ________
2. ________
3. ________

릭 교육 지도자들에게 남겨진 미완의 과제임을 의미합니다(Cook, 1999).

소 결 론

문화 전달자는 집단의 비공식적인 의사소통과 문화 건설을 위한 네트워크를 이루는 인물입니다. 본질적으로 이들은 문화의 인적 전달자입니다. 이들은 조직도에 표시될 수도 있고 표시되지 않을 수도 있는 문화의 파괴자이거나 중개자입니다.

교사는 문화 생성의 핵심적인 주체입니다. 가톨릭 학교 문화는 종교적 차원을 포함하기 때문에, 문화 생성의 주체인 가톨릭 학교의 교사는 가톨릭 학교의 목표를 실현하기 위하여 종교적 사명을 수용해야 합니다. 가톨릭 문화의 건축가로서 가톨릭 교육 지도자는 복음적 가치와 종교적 사명을 고려하여 교직원의 선발, 개발 및 평가 과정에 우선순위를 두어야 합니다.

제 10 장

가톨릭 문화 건축가: 가톨릭 교육 지도자를 위한 일곱 가지 규범

● 가톨릭 문화 건축가:
가톨릭 교육 지도자를 위한 일곱 가지 규범

『오마하 월드-헤럴드』(*Omaha World-Herald*) 토요일 조간 신문은 지역 예수회 고등학교에 새로운 과학관이 문을 여는 소식을 전하며 일반 사람들을 축성식에 초대한다는 반 장짜리 신문 광고를 실었습니다. 가톨릭 문화 건축가 역할을 하는 가톨릭 교육 지도자들은 이 광고를 눈여겨보며, "이 광고가 학교의 종교적 사명에 대해, 특히 학교에 대해 잘 모르는 사람들에게 어떤 메시지를 전달할 수 있을까요?"라는 의문을 가졌습니다.

단순하지만 이 예리한 질문은 이 책 『가톨릭 문화 건축가』가 주장하는 핵심에 주목하게 합니다. 가톨릭 교육 지도자들이 가톨릭 학교의 존재 목적을 실현하려면, 학교를 진정으로 특징짓게 하는 가톨릭 문화의 독특성에 대해 의식하고 주의를 기울여야 합니다.

강력하고 효과적인 조직은 구성원들에게 더 의미 있는 삶의 방식을 변함없이 제공하는 문화를 가지고 있습니다(Schein, 1992). 예를 들어, 로마 가톨릭의 문화는 인간 존재에 대한 독특한 비전과 구성원들이 그 비전을 헌신적으로 실현할 수 있는 핵심 요소를 구성하게 합니다. 이러한 비전과 이에 헌신할 수 있는 핵심 요소의 구성은 다른 종교적 전통을 따르는 구성원들로부터 가톨릭 신자가 경험하는 하느님과 영적 상상력이 구별되게 합니다. 따라서 진정한 가톨릭 학교의 효과는 가톨릭 비전에서 비롯된 삶의 방식을 구성원들이 경험하고, 이를 위해 헌신할 수 있는 핵심 요소를 구성원에게 전달하여 그들의 영적 상상력을 포착하게 합니다.

가톨릭 학교의 목적은 그리스도교가 단지 사상이나 신조가 아니라 오히려 삶의 방식이라는 믿음에서 비롯됩니다. 따라서 가톨릭 학교에서의 그리스도교는 일상에서 모범이 되고 삶으로 실천되어 강화되는 것이어야 합니다. 학생들이 차별화된 언어 체계에 몰입하여 외국어를 배우는 것처럼, 가톨릭 학교의 학생들은 '행함'으로써 그리스도교를 익힙니다. 그러므로 가톨릭 학교 공동체가 공립 학교나 다른 사립 학교와 다른 점은 학교가 무엇이며 어떻게 작동하는지를 성경 및 전통과 의도적으로 연결시키는 학교의 문화인 것입니다.

이런 의미에서 '가톨릭 학교 문화'는 미국인의 삶의 방식이 국가적으로 뚜렷한 것처럼 교육적으로도 독특한 '가톨릭 학교 생활'의 삶의 방식입니다. "길이요 진리요 생명"(요한 14,6)이신 그리스도께 뿌리를 두고, 복음에 기반한 신조와 규범, 영감과 정체성을 제공하는 가톨릭 비전 등 모든 것을 포괄하는 '삶의 방식'인 가톨릭 학교 문화는 시간이 지나면서 형성되고 상징과 전통 등 가톨릭의 상상력을 담아내는 장치를 통해 한 세대에서 다음 세대로 전수됩니다. 가톨릭 교육 지도자들이 가톨릭 학교 생활 방식의 신앙적 차원을 포괄적으로 강조하기 위해 마련한 '스며듦' '종합' '통합'과 같은 용어를 공식적으로 사용하든 아니든, 가톨릭 학교 문화는 본질적으로 '복음'입니다. 복음 문화가 학교에서 일어나는 모든 일에 활기를 불어넣을 때 진정한 가톨릭 학교가 되기 때문입니다.

가톨릭 학교 문화에 대한 이러한 정의는 가톨릭 학교 문화가 스스로 생겨나는 것이 아님을 의미합니다. 오히려 가톨릭 문화 건축가는 의도적으로 설계하고 계획하며 가톨릭 학교 문화를 차별적으로 증진시키고 발전시킵니다. 특히 '건축가'의 은유적 표현은 학교 리더십의 일상적이고 기능적인 차원을 강조하는 다른 지배적인 비유와 완전히 대조될 뿐만 아니라, 가톨릭 학교 공동체 안에 현존하는 가톨릭 교육 지도자의 전문적이고 사목적인 역할이 더욱 창의적이고 예술적인 차원에 주목하도록 합니다.

가톨릭 문화 건축가의 역할은 창의성과 예술성을 고민하고 이를 발휘하며 시행하기 때문에, 개별 가톨릭 교육 지도자가 해야 하는 '최선의 방법'을 알려 주지는 않습니다. 대신, 일곱 가지 규범을 제시하여 가톨릭 문화 건축가로서 가톨릭 교육 지도자들이 어떻게 역할을 수행할지 고민하는 데 도움이 되는 지침을 제공합니다.

규범 1: *가톨릭 문화 건축가는 학교의 모든 것을 그리스도와 복음 그리고 가톨릭 비전과 연결시키고 가톨릭적 상상력을 증진시키기 위해 '의도성'을 가지고 행동합니다.*

규범 1이 가톨릭 교육 리더십 실천에 어떻게 적용되는지 생각해 보세요.

____

____

____

____

가톨릭 교육 리더십 실천에서 규범 1이 더욱 분명히 나타나도록 취할 수 있는 활동 세 가지를 제시해 보세요.

1. ______________________
2. ______________________
3. ______________________

가톨릭 학교의 종교적 문화가 주로 학교 내 수도자의 현존으로 이루어진 삼투 현상 효과로 유지되던 시대는 지났습니다. 오늘날 가톨릭 교육 지도자와 교직원들은 과거 수도회 구성원들이 암묵적으로 제공했던 양성의 혜택을 받지 못한 집단이기에, 이 세대의 가톨릭 교육 지도자들은 가톨릭 학교의 종교 문화를 보존하고 향상시키기 위한 '의도성'을 가지고 행동해야 합니다. 이러한 명시적인 형태로 이루어지는 의도적 양성에 대해 Schuttloffel(1999)은 "관상적 실천"이라고 부릅니다(p.67).

가톨릭 교육 지도자들은 광고와 같은 단순한 것을 디자인하든, 교육과정과 프로그램의 새로운 방향 혹은 교직원 채용처럼 복잡한 것을 설계하든, 가톨릭 문화의 건축가로서 복음적 가치와 학교의 종교적 사명에 맞는 의사 결정에 의도적으로 접근합니다. 다시 말해, 가톨릭 문화 건축가는 학교의 모든 것을 체계적이고 신중하게 종교적 사명과 '연결'합니다. 의사 결정 과정에서 "이 결정이나 활동이 어떻게 복음적 가치와 학교의 종교적 사명을 반영하며 강화할 것인가?"라는 질문은 가톨릭 문화 건축가에게 본질적인 면을 찾도록 안내합니다.

규범 2: *가톨릭 문화 건축가는 다문화 학교 문화를 구축하기 위한 의식적인 노력을 기울입니다.*

제2차 바티칸 공의회는 가톨릭교회의 보편적이고 세계적인 특징을 기반으로 더 정의롭고 평화로운 세상을 건설해 나가는 것이 가톨릭 신자들의 의무임을 강조했습니다. 공의회는 「현대 세계의 교회에 관한 사목 헌장」에서 다음과 같이 강조합니다.

> 교회는 그 사명과 본질의 힘으로 인류 문화의 어떤 특수 형태나 어떤 특정 정치, 경제, 사회 체제에 얽매이지 않는다. […] 이러한 까닭에, 교회는 자기 자녀들이 또한 모든 사람이 하느님 자녀들의 이러한 가족 정신으로 국가와 민족 사이의 온갖 갈등을 극복하고 인간의 정당한 연합체들에게 내적인 견고성을 부여하도록 권고한다. (제2차 바티칸 공의회, 「현대 세계의 교회에 관한 사목 헌장」, 1965d/2022, 42항)

규범 2가 가톨릭 교육 리더십 실천에서 분명히 나타날 수 있는 방법을 제안해 보세요.

____
____
____
____

규범 2가 가톨릭 교육 리더십 실천의 특성을 더 잘 드러내기 위해 취해야 할 세 가지 활동을 제안해 보세요.

1. ________________
2. ________________
3. ________________

특히, 공의회는 다문화적이고 국제적 차원의 특성이 독특하고 보편적인 가톨릭 특성을 지닌 그리스도교 신앙임을 강조합니다.

가톨릭 교육 지도자들은 제2차 바티칸 공의회 정신에 따라 학교 공동체를 움직이는 핵심 가치로 보편성과 포용성을 중시합니다. 그래서 학교 구성원들의 문화적 인식을 높이기 위하여 적극적인 노력을 기울여야 합니다. 무엇보다 가톨릭 교육 지도자들은 교직원과 학생에게 더 정의롭고 평화로운 세상을 만들고자 하는 열망을 심어 줌으로써 가톨릭 신자의 의무인 문화적 조화를 위한 노력을 강조합니다. 마지막으로, 가톨릭 교육 지도자들은 가톨릭의 상상력이 다른 신앙 전통과 구별되지만 획일적이지 않다는 것을 인식합니다. 따라서 가톨릭 교육 지도자들은 학교에서 다양한 종교적 문화를 설계하고 구축하며, 가톨릭 문화 건축가로서 진정한 가톨릭적 특성을 강화하기 위한 다양한 노력에 참여해야 합니다.

규범 3: *가톨릭 문화 건축가들은 학교의 목적을 증진시키고 지지할 수 있는 건축 계획을 개발하기 위해 일반 건축 벽돌을 활용합니다.*

규범 3이 가톨릭 교육 리더십 실천에 어떻게 적용되는지 구체적인 증거를 제시해 보세요.

____

____

____

____

가톨릭 교육 리더십 실천에서 규범 3이 더욱 분명히 드러날 수 있는 세 가지 활동을 제시해 보세요.

1.____________________
2.____________________
3.____________________

가톨릭 문화 건축가들은 일반용 벽돌로 만든 건축으로 강력한 조직 문화를 공유한다고 확신합니다. 예를 들어 미국과 같은 국가, 디즈니와 같은 기업, 하버드와 같은 대학교는 서로 다른 영역에 존재하며 서로 다른 목적을 가지고 있지만, 각각에서 발산하는 강력한 문화는 '벽돌 쌓기'와 같은 몇 가지 공통 요소의 증거를 제공합니다. 가톨릭 문화의 건축가들은 문화적 구성 요소와 이를 바탕으로 설계된 건축 계획의 '전이성'을 인식합니다.

전이성에 관한 시각은 가톨릭 교육 리더십 실천에 직접적인 영향을 미칩니다. 예를 들어, 가톨릭 문화 건축가는 학교의 종교적 문화를 구축하는 장인으로서, 이러한 구성 요소를 적용하여 독특한 가톨릭 학교 문화를 조성하도록 다양한 방식으로 건물 계획을 설계해 나갑니다(그림 15).

〔그림 15〕
가톨릭 문화 건축가를 위한 벽돌 활용의 건축 계획

건축 벽돌	**핵심 신념 및 가치**
건축 계획	사명 선언문과 다양한 자원을 활용하여 핵심 종교적 신념과 가치를 파악하고 통합하기
건축 벽돌	**영웅과 주인공**
건축 계획	복음의 가치와 종교적 사명을 모범적으로 실천한 영웅과 주인공 기억하기
건축 벽돌	**상징들**
건축 계획	복음의 가치와 종교적 사명을 반영하는 상징 체계를 만들어 전시하기
건축 벽돌	**전통적 의식**
건축 계획	일상적 의식을 통한 기도와 예배 촉진 복음적 가치와 종교적 사명을 증거하는 예식적 의식의 활용
건축 벽돌	**의사소통**
건축 계획	언어를 사용하여 복음의 가치와 종교적 사명을 전달하기 복음의 가치와 종교적 사명을 전달할 수 있는 이야기 만들기
건축 벽돌	**역사**
건축 계획	학교의 종교적 역사적 유산에 대한 재발견
건축 벽돌	**문화의 전달자**
건축 계획	복음의 가치와 종교적 사명에 대한 교직원의 사회화

규범 4: *가톨릭 문화 건축가는 독특한 카리스마를 개발하고 드러낼 수 있는 학교 공동체를 지원합니다.*

경쟁적인 수많은 사회적 가치와 의견이 소용돌이치는 가운데 가톨릭 학교의 구성원들은 집중력을 잃기가 쉽습니다. 그러나 가톨릭 문화 건축가들은 가톨릭 가톨릭 교육 리더십 실천에서 규범 4가 드러나는 방식을 찾아보세요.

____
____
____
____

규범 4가 가톨릭 교육 리더십 실천을 보다 구체화 시킬 수 있는 방법을 세 가지로 제시해 보세요.

1. ______________________
2. ______________________
3. ______________________

비전에 대한 '청사진'을 활용하여 학교 구성원들이 학교의 종교적 사명에 집중하도록 합니다. 가톨릭 비전은 매우 광범위하고 모든 것을 포괄하기 때문입니다(McBrien, 1994; Hellwig, 1995; Groome, 1996, 1998). 가톨릭 문화 건축가들은 신중하게 몇 가지 핵심 신념에 학교 공동체의 관심을 집중시킬 필요가 있습니다.

이와 관련하여, 보다 강력하고 응집력 있는 문화를 보여 주는 수도회가 운영하는 학교들을 살펴본다면 유익한 정보를 얻을 수 있습니다. 이러한 학교들이 보여 주는 강한 집중력과 명확한 목적은 학교를 운영하는 수도회의 카리스마에서 나오는 핵심 가치에서 기인할 수 있습니다. 예를 들어, 『오마하 월드 헤럴드』 신문에 등장한 예수회 고등학교의 과학관 신축을 알리는 광고에서 학교의 교장은 기금 조성과 이냐시오의 카리스마를 연결시켰습니다. 그는 "오마하 공동체에 대한 우리의 약속은 약 400년 전 이냐시오 성인이 묘사한 탁월성을 "조금 더" 높이기 위해 끊임없이 노력하는 것입니다"라고 확신에 차 이야기했습니다(Omaha World-Herald, 2000년 3월 11일, p.12).

카리스마는 하느님께서 개인에게 무상으로 주시는 선물이며, 동시에 공동의 선을 위해 사용하는 신성한 선물입니다(Nardoni, 1993). 많은 사람들은 이 용어를 오순절 사건과 연관시키지만, 카리스마라는 단어는 신약성경에서 총 17회에 걸쳐 광범위하게 사용됩니다. 이 가운데 카리스마의 용어를 14번 사용했던 바오로 사도(p.69)는, 개인적 카리스마와 몸의 각 부분의 기능에 의존하는 공동체의 관계를 비교하며 사용했습니다(로마 12,4~6).

수도회와 관련한 경우에 특정 카리스마는 대부분 설립자 개인에 뿌리를 두고 있습니다(Renfro, 1986). 그러나 최근에는 수도회의 카리스마와 관련된 의미가 확장되어 수도회의 영적 선물이 하나의 법인의 성격으로 이해됩니다. 이는 설립자의 죽음 이후, 수 세기에 걸쳐 수도회의 삶의 문화로 자리 잡고 있기 때문입니다(McDonough, 1993).

바티칸에서 발간된 문헌은 수도회의 카리스마가 수도회에서 운영하는 학교의 특성에 광범위한 영향력을 미친다는 것을 인정하고 있습니다. 이에 대해 가톨릭 교육성성(1982/2022)은 "몇 가지 요소들은 모든 가톨릭계 학교의 특성이 될 것이다. 그러나 이들은 여러 방식으로 표현될 수 있다. 흔히 있는 일이거니와, 구체적인 표현은 학교를 창설하고 또 계속해서 운영하는 수도회의 특별한 카리스마에 상응해서 나타날 것이다"(39항)라고 명시합니다. 많은 경우, 수도단체의 독특한 카리스마는 학교의 독특성과 효과성에 지대한 영향을 미쳤습니다. 그러나 수도회 회원 수가 감소하는 현실에서, 가톨릭 문화의 건축가로서 수도회가 운영하는 학교의 지도자들이 직면한 과제는 점점 더 다양해진 학교 공동체에서 '카리스마 전달'을 위한 새로운 메커니즘을 탐색하는 것입니다(Hilton, 1997).

수도회가 운영하는 학교의 경험과 사례를 바탕으로, 가톨릭 문화 건축가들은 학교의 고유한 "공동체 카리스마"를 찾아내고 발전시켜야 합니다(Clark, 1998, pp.117.141). 공동체 정신이나 봉사, 환대와 같은 복음적 가치에서 도출된 인간의 존엄성, 사회적 책임 등의 가톨릭 가르침을 바탕으로 하는 가톨릭 학교 공동체의 카리스마는 각 학교의 가톨릭 비전에 초점을 맞추고 맥락화하여 해당 학교 공동체 구성원들이 비전에 깊이 관여하도록 이끕니다. 미국 주교단은 '예수님처럼 가르치기'의 접근 방식을 격려하며 "가톨릭 학교의 그리스도교적 목적은 항상 분명하게 드러나야 하지만, 이를 위한 어떤 형식도 규정되어 있지 않습니다"라고 언급합니다(National Conference of Catholic Bishops, 1972, n.123, Clark, p.141에서 재인용).

따라서 가톨릭 문화의 건축가들은 일반적인 학교 교육의 목적과 독특한 종교적 사명을 연결하기 위해 **핵심 가치**라는 세속적 용어 대신 **카리스마**라는 종교적 용어를 사용합니다.

규범 5: *가톨릭 문화 건축가들은 가톨릭 학교를 종교적 사명과 문화에 대한 지속적인 관심과 쇄신이 필요한 '교육 방침' (Educational Project)으로 간주합니다.*

가톨릭 교육 리더십 실천에서 규범 5가 어떻게 적용되어 나타나는지 찾아보세요.

____
____
____
____

규범 5가 가톨릭 교육 리더십에서 분명히 드러날 수 있도록 취할 수 있는 활동을 세 가지로 제시해 보세요.

1. ______________________
2. ______________________
3. ______________________

1970년대부터 교회 문서는 가톨릭 학교의 쇄신이라는 주제를 강조해 왔습니다(가톨릭 교육성성, 1977, 1982, 1988, 1997/2022). 특히, "교육 방침"(Educational Project, 1997/2022, 4항)이라는 용어의 사용은 가톨릭 학교가 '완성된 곳'이 아니라 '진행 중인 곳'이라는 교황청의 생각을 잘 드러냅니다. 이에 관해 교황청은 학교는 "그 자체가 언제나 창조되어 가는 과정에 있다는 것을 결코 잊어서는 안 된다"(1982/2022, 78항)라고 강조합니다.

가톨릭 문화 건축가는 학교 문화에 복음적 가치와 종교적 사명을 담아 가톨릭 문화를 '제도화'하는 노력합니다. 이것이 가톨릭 문화 건축가가 자신들의 우선순위나 개성 혹은 다른 문화적 주체에 의존하지 않고 학교의 종교적 존재 이유를 확고히 하는 방법입니다.

하지만 제도화와 관련하여 가톨릭 문화의 단점도 있습니다. 이는 가톨릭 문화가 당연시되거나 혹은 외면당하는 경우 문화로부터 흘러오는 삶의 방식이 정체되어, 의미 자체에 대한 결핍을 가져옵니다. 그러면 한때는 활기차게 흘러가던 가톨릭 학교 문화가 단기간 내에 생기를 잃어버리게 됩니다.

이러한 단점을 인식한 가톨릭 문화 건축가들은 학교의 생활 방식을 지속적으로 쇄신하는 데 관심을 기울입니다. 이들은 가톨릭 학교를 '건설 중'인 '교육 프로젝트'로 간주하는데, 이는 학교에서 하느님 나라를 건설하는 것이 늘 '완성해 나가는 일'임을 이해하기 때문입니다. 이미 사례에서 보았듯이, 예수회 고등학교의 교장이 신문 광고에서 이냐시오의 카리스마를 불러일으켰을 때, 그는 직접적으로 예수회의 독특한 '교육 프로젝트'에 대한 이상을 문자 그대로 제시하고 비유적으로 설명하였습니다.

가톨릭 문화의 건축가들은 의식적으로 학교생활의 종교적인 면에 관심을 가져야 합니다. 이들은 복음의 가치와 종교적 사명이 학교 문화와 생활 방식에 어느 정도 내재되어 있는지를 감사(audit)하고 평가하며 판단합니다. 만일 제도화로 인한 정체 현상이 명백히 나타난다면, 가톨릭 문화 건축가들은 제2차 바티칸 공의회 이후 수도회가 주도하는 문화적 쇄신을 목표로 하는 프로그램을 시작하거나 필요한 경우 학교의 카리스마를 '재설립'해 나갈 수 있습니다(Arbuckle, 1988).

규범 6: *건축의 장인으로서, 가톨릭 문화 건축가는 문화 건축 '프로젝트'에 다른 사람들과 함께 참여합니다.*

가톨릭 교육 리더십 실천에서 규범 6이 분명하게 드러날 수 있는 방법을 찾아 보세요.

____

____

____

____

규범 6이 가톨릭 리더십 실천을 보다 완전하게 특징짓도록 취해야 할 행동 방식 세 가지를 제시해 보세요.

1. ______________________
2. ______________________
3. ______________________

Coleman과 Hoffer(1987)는 강력하고 응집력 있는 문화는 적극적이고 지지적인 성인들의 네트워크에 의존한다고 주장합니다. 성인들의 상호 작용 네트워크는 청소년 양성에 필수적인 사회적 자본이라는 중요한 자원으로 작용합니다.

이 연구 결과에 비추어 본다면, 가톨릭 교육 지도자들이 가톨릭 문화의 주요 건축가라 하더라도, 그들이 이끄는 사람들과 고립된 채로 가톨릭 문화를 구축하지는 못합니다. 이들은 특히 청소년의 신앙 형성과 관련하여 학교에서 사회적 자본 개발의 중요성을 인식하고 있습니다. 이러한 바람직한 결과를 달성하기 위해 가톨릭 교육 지도자들은 네트워크를 구축하고 학교 공동체의 성인 구성원들 간의 협력관계를 이룹니다. 결과적으로 이러한 네트워크와 협력관계는 학교 공동체의 젊은 구성원들의 신앙 형성에 필요한 사회적 자본의 가치를 증가시키는 것입니다.

본질적으로 가톨릭 문화 건축가는 학교 공동체의 성인 구성원들의 가톨릭 상상력을 담아냅니다. 그래서 이들이 문화 건축 계획을 구상하고 활용하는 문화 건축 과정에 지속적으로 참여하도록 가톨릭 문화 건축가들은 사람들 가운데서 이들의 불을 밝혀야 합니다.

규범 7: *가톨릭 문화 건축가는 자신을 하느님의 건축가로 여긴다.*

가톨릭 교육 리더십 실천에 규범 7이 분명하게 드러날 수 있는 방식을 찾아보세요.

____
____
____
____

가톨릭 교육 리더십 실천에서 규범 7이 분명히 드러날 수 있게 만드는 활동을 세 가지로 제시해 보세요.

1. ______________________
2. ______________________
3. ______________________

가톨릭 문화의 건축가들은 하느님과 협력하여 가톨릭 학교에 하느님의 나라를 건설한다고 생각합니다. 이들은 예수님의 첫 제자들까지 거슬러 올라가는 숙련된 오랜 건축가의 전통에 참여하고 있습니다. 특히, "나는 하느님께서 베푸신 은총에 따라 지혜로운 건축가로서 기초를 놓았고, 다른 사람은 집을 짓고 있습니다"(1코린 3,10)라는 바오로 사도의 말씀은 가톨릭 문화 건축가들에게 그들의 삶과 일에 대해 직접적으로 이야기하는 동시에, 가톨릭 학교임에도 '믿음의 기초를 닦는 일'은 첫 제자들과 성 바오로가 물려준 중요한 임무라는 것을 말해 줍니다.

오늘날의 가톨릭 문화 건축가들은 미국 가톨릭 학교 연합을 주도한 남녀 수도자와 사제들이 만든 유산 위에 가톨릭 문화를 건축해 갑니다. 이 독특한 "교육 방침"(Educational Project: 가톨릭 교육성성, 1997/2022, 4항)의 상속자로서 오늘날의 가톨릭 문화 건축가들은 가톨릭 학교가 "그리스도께 토대를 둔 명확한 교육 방침을 통한 전인 교육"(4항)을 이루는 장소가 되게 만드는 막중한 책임을 지고 있습니다.

시편 저자는 "주님께서 집을 지어 주지 않으시면 그것는 이들의 수고가 헛되리라"라고 선언합니다. 따라서 가톨릭 문화의 건축가들은 주님의 뜻을 식별하고 성령께서 주신 영감과 이끄심을 바라보며 리더십 책임을 완수해 나가야 합니다. 가톨릭 교육 지도자들은 자신들이 직면하는 '어제 일을 끝내야 했었는데…'라는 마감일에 대한 압박감에도 불구하고, '가능한 빨리'(**a**s **s**oon **a**s **p**ossible)라는 의미로부터 '항상 기도하기'(**a**lways **s**ay **a** **p**rayers)를 발견하며, 예수님의 삶과 가르침을 통한 힘, 용기, 위로, 영감을 얻습니다. 부활하신 주님은 제자들에게 가서 가르치라고 명하시며 하느님 나라의 첫 번째 건축가들에게 "보라, 내가 세상 끝 날까지 언제나 너희와 함께 있겠다"(마태 28,20)는 확신을 심어 주셨습니다. 이런 의미에서 일곱 번째 규범은 가톨릭 문화 건축가들이 자신을 하느님의 건축가로 인식하게 만들며 동시에, 건축의 주인이 바로 하느님이심을 겸손히 인정하도록 이 모든 것을 요약하고 하나로 묶는 핵심 역할을 합니다.

결론적 고찰

제2차 바티칸 공의회는 교회의 사명이 "성령의 인도로 바로 그리스도께서 하시던 일을 계속하려는 것"(제2차 바티칸 공의회 문헌, 「사목 헌장」, 1965d/2022, 3항)으로 명시하고 있습니다. 그래서 모든 가톨릭 신자는 세례성사를 통해 자신의 은사와 재능을 하느님 나라 건설을 위해 활용하며 그리스도의 사업에 참여하도록 부름을 받습니다.

하느님께서는 가톨릭 교육 지도자들에게 독특하고 중요한 사명, 즉 가톨릭 학교에서 하느님 나라를 건설하며 완성되지 않은 그리스도 사명을 이어갈 사목적 일을 맡기셨습니다. 이들은 풍부한 유산을 물려받은 상속자로서, 앞서간 제자들의 교육 사목을 계승하고 확장하는 특권을 누립니다. 이 세대의 가톨릭 문화 건축가들은 세례를 통해 하느님의 부르심을 인식하고, 건축 계획을 설계하고, 가톨릭 문화를 구축하기 위해 노력하며, 학교 공동체 구성원들이 이러한 실질적인 문제에 관한 대화에 참여함으로써, 하느님과 학교 구성원들 모두가 함께 진정한 신앙 공동체 건설에 협력한다는 확신을 가질 수 있습니다. 따라서 가톨릭 학교의 학생들은 그들 가운데서 부활하신 주님의 가르침을 접하며, 정의롭게 행동하고 부드럽게 사랑하며 겸손하게 하느님과 함께 걸음으로써 그분의 일을 수행하는 법을 배웁니다(미카 6,8).

주

1 리트머스 시험(litmus test)은 리트머스 이끼에서 추출한 용액에 종이를 담갔다가 꺼내어 말린 종이를 활용하여 산과 염기를 쉽게 구별하는 방법이다. 그러나 표면적으로 확인이 가능할 뿐 정확한 농도 값을 알 수 없기에, 산과 염기의 측정 기준에 대한 모호성을 지닌다.

2 판테온(Panteon)은 신을 모시기 위한 신전이나 한 나라의 위인들을 모셔 놓은 장소적 의미로 사용된다.

3 미다스(Midas touch)의 손은 그리스 신화에서 유래한 표현으로 만지는 것마다 황금으로 변한다는 의미를 지니며, '돈 버는 재주'를 지녔음을 의미한다.

4 스티브 비코(Steve Biko, 1946~1977)는 1960년대와 70년대 남아프리카공화국의 '분리'(apartheid) 정책에 대항하여 '흑인 의식 운동'(Black Consciousness Movement)을 조직하고 흑인을 규합하여 정부에 저항하였던 학생 운동가였다.

5 싱코 데 마요(Cinco de Mayo)는 스페인어로 '5월 5일'을 뜻하며, 1862년 5월 5일 멕시코 군대가 푸에블라 전투에서 프랑스 군대를 상대로 승리한 것을 기념하는 날이다. 미국에서는 멕시코 문화와 유산을 기념하는 축제일로 여겨진다.

/참/고/문/헌/

【 A 】

- Ackerman, R.H. / Donaldson, G.A. / van der Bogert, R. (1996). *Making sense as a school leader: Persisting questions, creative opportunities.* San Francisco, CA: Jossey-Bass.
- Arbuckle, G.A. (1988). *Out of chaos: Refounding religious congregations.* Mahwah, NJ: Paulist Press.
- Argyris, C. / Schön, D.A. (1974). *Theory in practice: Increasing professional effectiveness.* San Francisco: Jossey-Bass.
- Amold, T.W. (1938). *The folklore of capitalism.* New Haven, CT: Yale University Press.

【 B 】

- Barnard, C. (1938). *Functions of the executive.* Cambridge, MA: Harvard University Press.
- Beck, L.G. / Murphy, J. (1992). "Searching for a robust understanding of the principalship." *Educational Administration Quarterly,* 28(3), pp.387~396.
- Bednar, G.J. (1996). *Faith as imagination: The contribution of William F. Lynch, S.J.* Kansas City, MO: Sheed & Ward.
- Bellah, R.N. / Madsen, R. / Sullivan, W.M. / Swidler, A. / Tipton, S.M. (1985). *Habits of the heart: Individualism and*

commitment in American life. New York: Harper & Row.

- Beyer, L.E. (1991). "Teacher education, reflective inquiry and moral action." In B.R. Tabachnich / K.M. Zeichner (Eds.), *Issues and practices in inquiry-oriented teacher education* (pp.113~29). Bristol, PA: The Falmer Press.
- Blumberg, A. / Greenfield, W. (1980). *The effective principal: Perspectives on school leadership.* Boston, MA: Allyn and Bacon.
- Bolman, L.G. / Deal, T.E. (1997). *Reframing organizations: Artistry, choice, and leadership* (2nd ed.). San Francisco: Jossey-Bass.
- Bower, M. (1966). *Will to manage.* New York: McGraw Hill.
- Boyan, N.J. (1988). *Handbook of research on educational administration.* New York: Longman.
- Brandt, R.S. (Ed.). (1997). *What we believe: Positions of the Association for Supervision and Curriculum Development.* Alexandria, VA: Association for Supervision and Curriculum Development.
- Brookover, W.B. / Beady, C. / Flood, P. / Schweitzer, J. / Wisenbaker, J. (1979). *School social systems and student achievement: Schools can make a difference.* New York: Praeger.
- Brookover, W.B. / Lezotte, L.W. (1979). *Changes in school characteristics coincident with changes in student achievement.* East Lansing, MI: Institute for Research on Teaching, Michigan State University. (ERIC Document Reproduction Service No. ED 181-005)
- Brubacher, J. / Case, C.W. / Reagan, T.G. (1994). *Becoming a reflective educator: How to build a culture of inquiry in the schools.* Thousand Oaks, CA: Corwin Press.
- Bryk, A.S. / Driscoll, M.E. (1988). *The high school as*

community Contextual influences, and consequences for students and teachers. Madison, WI: Wisconsin Center for Education Research.
- Bryk, A.S. / Holland, P.B. / Lee, V.E. / Carriedo, R.A. (1984). *Effective Catholic schools: An exploration*. Washington, DC: National Catholic Educational Association.
- Bryk, A.S. / Lee, V.E. / Holland, P.B. (1993). *Catholic schools and the common good*. Cambridge, MA: Harvard University Press.
- Buetow, H.A. (1985). *A history of United States Catholic schooling*. Washington, DC: National Catholic Educational Association.

【 C 】

- Chambers, L. (1998). "How customer-friendly is your school?" *Educational Leadership*, 56(2), pp.33~35.
- Clark, W.C. (1988). *The communal charism of education and its application to Catholic high schools in the United States* (STD Thesis, Gregorian University, Rome, 1988). Dissertation Abstracts International, 50-064, p.1702.
- Coleman, J.S. / Hoffer, T. / Kilgore, S. (1982). *High school achievement: Public, Catholic, and private schools compared*. New York: Basic Books.
- Coleman, J.S. / Hoffer, T. (1987). *Public and private high schools: The impact of communities*. New York: Basic Books.
- The Commission on Research and Development. (1981/1994). "Profile of the graduate of a Jesuit high school at graduation." *Foundations* (pp.101~106). Washington, DC: Jesuit Secondary Education Association.
- Congregation for Catholic Education. (1977). *The Catholic school*. Washington, DC: United States Catholic Conference. 주교회의 교육위원회(편찬) (2022). 「가톨릭 학교 교육에 관한 지침」. 『가톨릭 학교 교육에 관한 교회 문헌』. 서울: 한국천주교

중앙협의회, 23~61쪽.

- Congregation for Catholic Education. (1982). *Lay Catholics in Schools: Witnesses to faith.* Boston, MA: The Daughters of St. Paul. 주교회의 교육위원회(편찬) (2022). 「학교 내의 가톨릭 평신도: 신앙의 증인들」. 『가톨릭 학교 교육에 관한 교회 문헌』. 서울: 한국천주교중앙협의회, 124~179쪽.
- Congregation for Catholic Education. (1988). *The Religious dimension of education in a Catholic school.* Washington, DC: United States Catholic Conference.
- Congregation for Catholic Education. (1997/1998). "The Catholic school on the threshold of the third millennium." In *Catholic Education: A Journal of Inquiry and Practice,* 2(1), pp.4~14. 주교회의 교육위원회(편찬) (2022). 「제삼천년기 문턱에 서 있는 가톨릭 학교」. 『가톨릭 학교 교육에 관한 교회 문헌』. 서울: 한국천주교중앙협의회, 302~319쪽.
- Connelly, J. (Ed.). (1976). *A history of the archdiocese of Philadelphia.* Philadelphia, PA: Archdiocese of Philadelphia.
- Cook, T.J. (1991). *A study of the religious literacy of Catholic high school educators* (Doctoral dissertation, Boston College, 1990). Dissertation Abstracts International, 52-014A, p.0123.
- Cook, T.J. (1998). "Building the kingdom: School leaders as architects of Catholic culture." *Catholic Education: A Journal of Inquiry and Practice,* 2(2), p.135.
- Cook, T.J. (1999, August/September). "Soul searching: What are your school's core values?" *Momentum* 30(3), pp.22~25.
- Cook, W.J. (1990). *Strategic planning for America's schools* (Rev. ed.). Arlington, VA: American Association of School Administrators.

• Corbettt, D.H. / Firestone, W.A. / Rossman, G.B. (1987). "Resistance to planned change and the sacred in school culture." *Educational Administration Quarterly*, 23(4), pp. 36~59.
• Culbertson, J.A. (1988). "A century's quest for a knowledge base." In N.J. Boyan (Ed.), *Handbook of research on educational administration* (pp.3~26). White Plains, NY: Longman, Inc.
• Cusick, P.A. (1992). *The educational system: Its nature and logic.* New York: McGraw-Hill.
• Cutler, W.W., III. (1989). "Cathedral of culture: The schoolhouse in American educational thought and practice since 1820." *History of Education Quarterly*, 29(1), pp.1~40.

【 D 】

• Davis, R.C. / Schleifer, R. (1994). *Contemporary literary criticism: Literary and cultural studies* (3rd ed.). New York: Longman.
• Deal, T.E. (1985). "The symbolism of effective school." *The Elementary School Journal*, 85(5), pp.601~620.
• Deal, T.E. (1991). "Private schools: Bridging Mr. Chips and my captain." *Teachers College Record* 92(3), pp.415~424.
• Deal, T.E. (1993). "The culture of schools." In M. Sashkin / H.J. Walberg (Eds.), *Educational leadership and school culture* (pp.3~18). Berkeley, CA: McCutchan.
• Deal, T.E. / Kennedy, A.A. (1982). *Corporate cultures: The rites and rituals of corporate life.* Reading, MA: Addison-Wesley.
• Deal, T.E. / Peterson, K.D. (1990). *The principal's role in shaping school culture.* Washington, DC: U.S. Government Printing Office.
• Deal, T.E. / Peterson, K.D. (1999). *Shaping school culture: The heart of leadership.* San Francisco: Jossey-Bass.

• Dewey, J. (1910). How we think. Boston: D.C. Heath & Company.
• Dolan, J.P. (1985). *The American Catholic experience: A history from colonial times to the present.* New York: Doubleday.
• Dulles, A. (1988). *The reshaping of Catholicism: Current challenges in the theology of church.* San Francisco: Harper & Row.

【 E 】

• *Effective Instructional Management.* (1983). Arlington, VA: Association for Supervision and Curriculum Development.
• Ellett, C.D. (1992). "Principal evaluation and assessment." In M. Alkins (Ed.), *Encyclopedia of educational research* (6th ed., pp.1026~1031). Los Angeles, CA: MacMillan Publishing Company.

【 F 】

• Finke, R. / Stark, R. (1992). *The churching of America, 1776-1990: Winners and losers in our religious economy.* New Brunswick, NJ: Rutgers University Press.
• Fitzpatrick, J.P. (1987). *One church, many cultures: The challenge of diversity.* Kansas City, MO: Sheed & Ward.
• Flynn, M. (1993). *The culture of Catholic schools.* Homebush, NSW, Australia: St. Paul.
• Foster, W.P. (1980a). "The changing administrator: Developing managerial praxis." *Educational Theory,* 30 (1), pp.11~23.
• Foster, W.P. (1980a). "Administration and the crisis in legitimacy: A review of Habermasian thought." *Harvard Educational Review,* 50(4), pp.496~505.
• Fowler, W.J., Jr. (1991). *What are the characteristics of*

principals viewed as effective by teachers?(ERIC ED 347-675). Eugene, OR: ERIC Clearinghouse on Education- al Management.

- Fullan, M. (1993). *Change forces: Probing the depths of educational reform.* Bristol, PA: Falmer Press.
- Fullan, M. (1997). *What's worth fighting for in the principalship?* New York: Teacher's College Press.

【 G 】

- Galetto, P.W. (1996). *Building the foundations of faith: The religious knowledge, beliefs, and practices of Catholic elementary school teachers of religion.* Washington, DC: National Catholic Educational Association.
- Gallup, G. Jr. / Castelli, J. (1987). *The American Catholic people: Their beliefs, practices, and values.* New York: Doubleday.
- Gardner, H. (1995). *Leading Minds: An anatomy of leadership.* New York: Basic Books.
- Getzels, J.W. / Guba, E.G. (1957). "Social behavior and the administrative process." *The School Review, 29,* pp.30~40
- Gilkey, L. (1975). *Catholicism confronts modernity: A Protestant view.* New York: Seabury Press.
- Goldman, P. / Kempner, K. (1988). *The administrators view of professional training* (ERIC ED 325-979). Eugene, OR: ERIC Clearinghouse on Educational Management.
- Grant, G. (1981). "The character of education and the education of character." *Daedalus,* 110, pp.135~149.
- Grant, G. (1982, March). "The elements of a strong positive ethos." *NAASP Bulletin,* 66(452), pp.84~90.
- Grant, G. (1985). "Schools that make an imprint: Creating a strong positive ethos." In J.H. Bunzel (Ed.), *Challenge to American schools: The case for standardsand values.* New York: Oxford University Press.

- Greeley, A.M. (1985). *American Catholics since the council: An unauthorized report.* Chicago: Thomas More.
- Greeley, A.M. (1990). *The Catholic myth: The behavior and beliefs of American Catholics.* New York: Charles Scribner's Sons.
- Greeley, A.M. (1995). "Why do Catholics stay in the church?" *U.S. Catholic,* 60, pp.31~35.
- Greeley, A.M. (2000). *The Catholic imagination.* Berkeley, CA: University of California Press.
- Greeley, A.M. / McCready, W.C. / McCourt, K. (1976). *Catholic schools in a declining church.* Kansas City, MO: Sheed & Ward.
- Griffiths, D.E. (1988). "Administrative theory." In N. Boyan (Ed.), *Handbook of research on educational administration* (pp.27~51). New York: Longman.
- Groome, T. (1996). "What makes a school Catholic?" In T. McLaughlin / J. O'Keefe / B. O'Keefe (Eds.), *The contemporary Catholic school: Context, identity and diversity* (pp.107~125). Washington, DC: Falmer Press.
- Groome, T. (1998). *Educating for life: A spiritual vision for every teacher and parent.* Allen, TX: Thomas More.

【 H 】

- Hemphill, J.K. / Griffiths, D.E. / Fredriksen, N. (1962). *Administrative performance and personality.* New York: Teachers College Press.
- Hellwig, M. (1995, Fall). "The best of times, the worst of times: Catholic intellectual life in today's academic setting." *Conversations,* 8, pp.15~19.
- Hilton, M.E. (1997). *Sharing the spirit: Transmission of charism by religious congregations.* Unpublished doctoral dissertation, University of Melbourne, Victoria, Australia.

• Hughes, L.W. (Ed.). (1999). *The principal as leader* (2nd ed.). Upper Saddle River, NY: Prentice Hall.

【 J 】

• Jackall, R. (1988). *Moral mazes.* New York: Oxford University Press.
• Jacobs, R.M. (1996). *The vocation of the Catholic educator.* Washington, DC: National Catholic Educational Association. 최준규 · 김홍주 · 박재신(옮김) (2025).『가톨릭 교육자의 소명』. 서울: 가톨릭대학교출판부.
• Jacobs, R.M. (1997). *The grammar of Catholic schooling.* Washington, DC: National Catholic Educational Association. 윤만근 · 최준규 · 김홍주 · 박재신(옮김) (2024).『가톨릭 학교 교육 문법』. 서울: 가톨릭대학교출판부.
• Jacobs, R.M. (1998a). "U.S. Catholic schools and the religious who served in them: Contributions in the 18th and 19th centuries." *Catholic Education: A Journal of Inquiry and Practice,* 1(4), pp.364~383.
• Jacobs, R.M. (1998b). "U.S. Catholic schools and the religious who served in them: Contributions in the first six decades of the 20th century." *Catholic Education: A Journal of Inquiry and Practice,* 2(1), pp.15~34.
• Jacobs, R.M. (1998c). "U.S. Catholic schools and the religious who served in them: The struggle to continue the tradition in the post-Vatican II era." *Catholic Education: A Journal of Inquiry and Practice,* 2(2), pp.159~176.
• Johnston, J.H. (1987, March). *Values, culture, and the effective school.* NASSP Bulletin 71(497), pp.79~88.
• Johnston, J.H. (1995, November/December). "Climate: Building a culture of achievement." *Schools in the Middle,* 5(2), pp.10~15.

【 K 】

• Kealey, R.J. (1987). *The prayer of Catholic educators.* Washington, DC: National Catholic Educational Association.
• Keller, J.D. (1999). "Deciphering teacher lounge talk." *Phi Delta Kappan,* 81(4), pp.328~329.

【 L 】

• Lakoff, G. / Johnson, M. (1980). *Metaphors we live by.* Chicago: The University of Chicago Press.
• Lambert, L. (1998). *Building leadership capacity in schools.* Alexandria, VA: Association for Supervision and Curriculum Development.
• Lightfoot, S.L. (1983). *The good high school: Portraits of character and culture.* New York: Basic Books.

【 M 】

• Maehr, M.L. / Buck, R.M. (1993). "Transforming school culture." In M. Sashkin & H.J. Walberg (Eds.), *Educational leadership and school culture*(pp.40~57). Berkeley, CA: McCutchan.
• Maritain, J. (1943). *Education at the crossroads.* New Haven, CN: Yale University Press.
• Maslow, A.H. (1970). *Motivation and personality.* New York: Harper & Row.
• McBride, A.A. (1983). *Interviewing and supporting the Catholic educator.* Washington, DC: National Catholic Educational Association.
• McBrien, R.P. (1994). *Catholicism: New edition.* San Francisco: HarperCollins.
• McDermott, E.J. (1997). *Distinctive qualities of the Catholic school* (2nd ed.). Washington, DC: National Catholic Educational Association.

- McDonald, D. (2000). *United States Catholic elementary and secondary schools 1999-2000.* Washington, DC: Nation- al Catholic Educational Association.
- McDonough, E. (1993, September-October). "Charisms and religious life." *Review for Religious,* 52(5), pp.646~659.
- Murphy, J. (1990). *Principal instructional leadership.* In P.W. Thurston / L.S. Lotto (Eds.), *Perspectives on the school: Advances in educational administration* (Volume 1, Part B, pp.163~200). Greenwich, CN: JAI Press Inc.
- Murphy, J. (1992). *The landscape of leadership preparation: Reframing the education of school administrators.* Newbury Park, CA: Corwin Press, Inc.
- Murphy, J. / Louis, K.S. (1999). *Handbook of research on educational administration* (2nd ed.). Washington, DC: American Educational Research Association.

【 N 】

- Nardoni, E. (1993). "The concept of charism in Paul." *The Catholic Biblical Quarterly,* 55, pp.68~80.
- National Conference of Catholic Bishops. (1972). *To teach as Jesus did.* Washington, DC: United States Catholic Conference.
- National Conference of Catholic Bishops. (1976). *Teach them.* Washington, DC: United States Catholic Conference.
- National Conference of Catholic Bishops. (1979). *Sharing the light of faith: National catechetical directory for Catholics of the United States.* Washington, DC: United States Catholic Conference.
- National Conference of Catholic Bishops. (1993). *Stewardship : A disciple's response.* Washington, DC: United States Catholic Conference.
- National Congress on Catholic Schools for the 21' Century. (1992). *Executive summary.* Washington, DC: National Catho-

lic Educational Association.
- New England Association of Schools and Colleges. (1994). The culture/ identity of the school. In *Manual for school evaluation* (7th ed., pp.61~62). Bedford, MA: Author.
- Newton, R.R. (1979). "A systematic approach to faculty religious development." *The Living Light*, 16, pp.328~341.

【 O 】

- *Omaha World-Herald.* (2000, March 11).
- O'Malley, W.J. (1991). "Evangelizing the unconverted." In F.D. Kelly (Ed.), *What makes a school Catholic?* (pp.3~9). Washington, DC: National Catholic Educational Association.

【 P 】

- Peters, T.J. / Waterman, R.H., Jr. (1982). *In search of excellence.* New York: Warner.
- Prestine, N.A. / Thurston, P.W. (Eds.). (1994). *New directions in educational administration: Policy, preparation, and practice. Advances in educational administration* (Volume 3). Greenwich, CN: JAI Press Inc.
- Purkey, S.C. / Smith, M.S. (1982, December). "Too soon to cheer? Synthesis of research on effective schools." *Educational Leadership*, 40(3), pp.64~69.
- Purkey, S.C. / Smith, M.S. (1983). "Effective schools: A review." *Elementary School Journal*, 83(4), pp.427~452.
- Purkey, S.C. / Smith, M.S. (1985). "Educational policy and school effectiveness." In G.R. Austin / H. Garber (Eds.), *Research on exemplary schools* (pp.181~200). New York: Academic Press.

【 R 】

- Reck, C. (1983). *Vision and values.* Washington, DC: National Catholic Educational Association.
- Renfro, J.M. (1986). "Religious charism: Definition, rediscovery and implications." *Review for Religious,* 45(4), pp.520~530.
- Rutter, M. / Maughan, B. / Mortimore, P. / Ouston, J. / Smith, A. (1979). *Fifteen thousand hours: Secondary schools and their effects on children.* Cambridge, MA: Harvard University Press.
- Ryan, K. / Cooper, J.M. (1995). Those who can, teach (7th ed.) Boston, MA: Houghton Mifflin.

【 S 】

- *Saints and feast days.* (1985). Chicago: Loyola Univer- sity Press.
- Schein, E.H. (1992). *Organizational culture and leadership* (2nd ed.). San Francisco: Jossey-Bass.
- Schnur, S.I. (1989). *The training of educational administrators: Perceptions of building principals.* Unpublished doctoral dissertation, Fordham University.
- Schön, D.A. (1991). *Educating the reflective practitioner.* San Francisco: Jossey-Bass.
- Schuttloffel, M.J. (1999). *Character and the contemplative principal.* Washington, DC: National Catholic Educational Association.
- Selznick, P. (1957). *Leadership and administration.* New York: Harper & Row.
- Sergiovanni, T.J. (1984, February). "Leadership and excellence in schooling." *Educational Leadership,* 41(5), pp. 4~13.
- Sergiovanni, T.J. (1986). "Understanding reflective practice." *Journal of Curriculum and Supervision,* 1(4), pp.353~359.
- Sergiovanni, T.J. (1994a). "Organizations or communities?

Changing the metaphor changes the theory." *Educational Administration Quarterly*, 30(2, May), pp.214~226.

- Sergiovanni, T.J. (1994b). *Building community in schools*. San Fran- cisco: Jossey-Bass.
- Sergiovanni, T.J. (1995a). *The principalship: A reflective practice perspective*(3rd ed.). Needham Heights, MA: Allyn and Bacon.
- Sergiovanni, T.J. (1995b). *Leadership for the schoolhouse: How is it different? Why is it important?* San Francisco: Jossey-Bass.
- Sergiovanni, T.J. / Corbally, J.E. (1984). *Leadership and organizational culture*. Chicago: University of Illinois Press.
- Simon, H.A. (1945/1997). *Administrative behavior: A study of decision-making processes in administrative organizations*. New York: The Free Press.
- Smith, S.C. / Piele, P.K. (Eds.). (1989). *School leadership: Handbook for excellence*(2nd ed.). Eugene, OR: ERIC Clearinghouse on Educational Management.
- Smylie, M.A. / Brownlee-Conyers, J. (1992). "Teacher leaders and their principals: Exploring the development of new working relationships." *Educational Administration Quarterly*, 28(2), pp.150~184.

【 T 】

- Teddlie, C. (1994). "The study of context in school effects research: History, methods, results, and theoretical implications." In D. Reynolds / B. Creemers / P. Nesselrodt / E. Schaffer / S. Stringfield / C. Teddlie (Eds.), *Advances in school effectiveness research and practice* (pp.85~110). Tarrytown, NY: Pergamon.
- Thomson, S.D. (Ed.). (1992). *School leadership*. Newbury

Park, CA: Corwin Press, Inc.

- Thomson, S.D. (Ed.). (1993). *Principals for our changing schools: The knowledge and skill base.* Fairfax, VA: National Policy Board for Educational Administration.
- Tichy, N.M. / Devanna, M.A. (1986). *The transformational leader.* New York: John Wiley & Sons.
- Tracy, D. (1981). *The analogical imagination.* New York: Crossroad.
- Trambley, A. (1989, Summer). "Getting the question right." *Pax Christi USA Magazine,* XIV(2), p.33.
- Trice, H.M. / Beyer, J.M. (1993). *The cultures of work organizations.* Englewood Cliffs, NJ: Prentice Hall.
- Tyack, D. / Tobin, W. (1994). "The 'grammar' of schooling: Why has it been so hard to change?" *American Educational Research Journal,* 31(3), pp.452~479.

【 V 】

- Vaill, P.B. (1986). "The purposing of high-performing systems." In T.J. Sergiovanni / J.E. Corbally (Eds.), *Leadership and organizational culture* (pp.89~104). Urbana, IL: University of Illinois Press.
- Vatican Council II. (1965a). "Declaration on Christian education (Gravissimum Educationis)." In A. Flannery (Ed.), *Vatican Council II: The basic sixteen documents* (pp.575~ 591). Northport, NY: Costello Publishing Co. 한국천주교중앙협의회(2002). 「교육의 중대성」. 『제2차 바티칸 공의회 문헌』. 서울: 한국천주교중앙협의회. 1165~1199쪽.
- Vatican Council II. (1965b). "Decree on the apostolate of lay people (Apostolicam actuositatem)." In A. Flannery (Ed.), *Vatican Council II: The basic sixteen documents* (pp.403~ 442). Northport, NY: Costello Publishing Co. 한국천주교중앙협의회(2002). 「평신도 교령」. 『제2차 바티칸 공의회 문헌』. 서울: 한국천주교중앙협의회. 875~949쪽.

• Vatican Council II. (1965c). "Dogmatic constitution on the Church (Lumen Gentium)." In A. Flannery (Ed.), *Vatican Council II: The basic sixteen documents* (pp.1~95). Northport, NY: Costello Publishing Co. 한국천주교중앙협의회(2002). 「교회 헌장」. 『제2차 바티칸 공의회 문헌』. 서울: 한국천주교중앙협의회. 127~329쪽.

• Vatican Council II. (1965d). "Pastoral Constitution on the Church in the modern world (Gaudium et Spes)." In A. Flannery (Ed.), *Vatican Council II: The basic sixteen documents* (pp.163~282). Northport, NY: Costello Publishing Co. 한국천주교중앙협의회(2002). 「사목 헌장」. 『제2차 바티칸 공의회 문헌』. 서울: 한국천주교중앙협의회. 375~607쪽.

【 W 】

• Walch, T. (1996). *Parish school: American Catholic parochial education from colonial times to the present.* New York: Crossroad.

• Wildman, L. (1991). *Does the doctorate make a difference?* (ERIC ED 336-827). Eugene, OR: ERIC Clearinghouse on Educational Management.

• Wolgast, E. (1992). *Ethics of an artificial person: Lost responsibility in professions and organizations.* Stanford, CA: Stanford University Press.

【 Z 】

• Zappulla, E. (1983). *Evaluating administative performance: Cultural trends and techniques.* Belmont, CA: Star Publishing Company.